親毒《おやどく》

なぜこんなに生きづらいのか

自分が何者かわからない！

ハート・カウンセラー
kokko 著

コスモ21

カバーデザイン◆中村　聡
本文イラスト◆an-tan

もくじ　親毒　なぜこんなに生きづらいのか

4章 親になったら「楽しい子育て」がいい！

プロローグ――生きづらさの本当の原因

♥愛しいわが子に苛立つ自分がいる

18年前、初めてわが子を抱いたとき、子どもの周囲がキラキラ光っている気がしました。そのころは天使の「て」の字も考えたことのなかった私ですが、思わず「天使が祝福に来てくれた」と思ったくらいです。親バカですが、「地球の未来を背負って立つ子を神様から預かった」と思いました。

この子の親として、責任を持って育てなくては……と、心に誓いました。

もしも私に魔法が使えるのなら、

「この子の未来が明るいものでありますように」

「この子が傷ついたり、悲しんだりしませんように」

「この子の生きていく世の中が明るい良いものでありますように」

と、生まれたてのわが子を抱きながら、真剣にそう願いました。

わが家の長男は拙著『天使が我が家にいるらしい』にも書きましたが、とにかく育てにくい子でした。思いどおりにならない子育てに、イライラしたり悩んだり落ち込んだりする日々。子どもが思いどおりにならないことに苛立つこともたびたび。

ある日、とうとう怒鳴って叱り飛ばしてしまい……大泣きしながら謝るわが子を見て我に返りました。この子が生まれたばかりのとき、この子が傷つかないように、悲しまないように、とあれほど心から願ったはずなのに。子どもが一人で自分の人生を歩めるようになるまで、ただ寄り添ってサポートするのが親の役目であるはずなのに。目の前のわが子を泣かせているのは、傷つけているのは、母である私ではないか!!

子どもは親の所有物ではありません。親が自分の都合（大人の都合）で子どもをコントロールしてはいけない。親だから、子どもになにを言ってもいい、どんな言い方をしてもいい、まして殴ったり叩いたりして言うことを聞かせていいなんてことは絶対にない。親だから威張っていいなんて理由も、ひとつとしてない。

そんなことはよくよくわかっているのに、いざ子育てを始めてみると、思うようにならないことに苛立ってしまう自分がいます。なぜ？　と問い返していくうちに気づいたのが、私自身の親との関係だったのです。

♥親から「精神的な虐待」を受けて育った？

私は現在、高校生・中学生・小学生の３人の子を育てながら、カウンセラーの仕事もしています。さまざまな悩み相談に乗っていますが、とくに強く感じることは「親に人生をコントロールされすぎて、30代、40代になっても自分の人生を生きていないと思える人」があまりにたくさんいるということです。

親から常にコントロールされて育つと、「親の気持ち」を優先して生きるようになり「自分の本当の気持ち」がわからなくなるのではないかと思います。

誰より私自身が「親の気持ち」優先で育ち、大人になっても「自分の本当の気持ち」がわからないまま結婚しました。そして子どもが生まれましたが、育児がうまくいかず、本当に悩みました。

じつは、私は小学生のころ、母から「あなたの眼は、魚が死んだような眼で気持ちが悪い。あなたみたいな子が少年犯罪に走り、鑑別所に入ったりするんだろうね」と言われたことがあります。

そのころの私は、小学校でいじめられていて、そのことを親にバレるのが嫌で必死に隠していました。こんなに立派な親の子どものはずなのに「いじめられている」なんて、親に申し訳なくてとても言えないと思っていたのです。

ですから、その事実を隠して学校に通っていましたが、精神的にはギリギリのところで生きていたのです。

「魚の死んだような眼」ってどんな感じなのかピンとこなかった私は、ある日魚屋さんの店先に並んでいる魚（死んだ魚）の眼を見て、ひどくショックを受けたことを覚えています。

それでも母がどうして小学生の私にそんなことを言ったのか想像もできませんでした。それより、どうしたら親から（とくに母親から）褒められるか、認められるか、話を聞いてもらえるかということで私の心はいっぱいでした。なんとかして母に愛されたい、認められたいのに、どれだけ努力しても、やっぱり気に入ってもらえない。いつもそう感じていたのが私の子ども時代でした。

その反動からか、20代に入ると親に嫌われるようなことばかりしていました。それまで親に認められたいと必死に努力していた自分も、親に反発している自分も、親にありのままの自分を受け入れてもらえないと苦しんでいる点は同じでした。そのままでは、自分らしく感じ、自分らしく考えて生きる力を得ることができなかったのです。

20歳になったころ「私は親に虐待を受けて育った」という女性と友達になりました。彼女と、お互いに心の奥に抱えていた話をするうちに、もしかして自分は「精神的な虐待」を親から受けて育ったのではないか？　と思ったことを覚えています。

♥「この子のために」が親の毒になることも

私は結婚前から「子どもは正しく育てないといけない」「でも自分には怖くて、とてもそんな子育てはできない」「できることなら、結婚しても子どもなんかいらない」と思っていました。

それでも結婚して子どもを授かると愛おしくて、親として責任を持って育てたいと思ったのです。ところが、実際に子どもと向き合っているうちにどんどん苦しくなり、思いどおりにならないことに苛立つことが増えました。そこから私を救ってくれたのは、母親との関係に気づいたことです。

大人になり結婚したあとでも私の心は親（とくに母親）に支配されていたのです。

子育ての原動力は、「この子のために」という親の強い思いです。それは子育てのどんな苦労も乗り越えさせてくれます。ところが、この思いの方向性がちょっと違うと、子どもを生きづらくする可能性もあるのです。もっといえば、子どもの人生を奪ってしまう「毒」にもなるのです。

誤解を恐れず言えば、親の「この子のために」という思いが「私が生んだのだから、この子の人生は自分のものだ」「自分が好きで生んだ自分の子どもなのだから、自分の思いのままにコントロールしてもいい」という方向に向かってしまうと、子どもを生きづらくする「毒」になってしまうのです。

もちろん、子育ては本当に大変です。しかも、子どもになにか「問題」があると、必ずと言っていいほど「親はどうしているんだ」という非難の目が向けられます。ですから、わが子がしっかり成長するように「正しい子育ての情報」を探し求め、できるだけうまく育てたい、正しく育てたいと必死になっている親たちはたくさんいます。子どもを自分の通信簿のように考えてしまう親（とくに母親）も多いように感じます。

そして自分の思うように子どもをコントロールできないと、身勝手な怒りや不安、恐れ、失望といった感情を子どもに向けてしまうことも多くなります。親に認められたい、愛されたいと一心に願う子どもが、それは自分のせいだと感じてしまうと、自己肯定感が低くなり、自立心や人を思いやる心の成長が妨げられます。
「この子のために」という思いが子どもを生きづらくする親の「毒」になってしまうこともあるのです。

♡自分の親はどんな親だったか振り返ってみる

カウンセリングでこのようなお話をすると、はじめはピンとこない方もいます。その方が親ならば「こんなに子どものために尽くしてきたのに、毒を植え付けるなんてあり得ない」と言われます。あるいは、親にはいろいろ不満はあるけれど、自分のために尽くしてくれた親が自分を生きづらくするような「毒」を植え付けたとまでは思えないと言われます。

私はいまは、自分の両親は決して私を愛していなかったわけではないと思っています。そのことに深く感謝をしているし（その気持ちが本当に伝わるのかは、正直に言うと自信はありませんが）、親の言葉も行為もすべては「私に良かれと思い、私の将来を心配して」のものだったのだろうと理解しています。

それでも、その「愛」は私の望む「愛」とはズレていて、私らしく人生を生きることをむずかしくする「毒」を含んでいたのです。

私は自分が母親になって、そのことに気づきました。子育てを始めたとき、自分が子どものころ「親にどんなことを言われたか」「親にどう育てられたか」と意識するようになりました。思い出すたびに、一人で苦しんでいた自分が蘇ってきて私の心にまとわりつきます。はじめは、なぜそうなのかよくわからずイライラすることが多かったのです。

大人になっても私の心の奥には、ありのままの自分を受け入れてもらえなかった、認めてほしかった、不安だった、寂しかったという思いが居座り続けていました。それは私の人生に植え付けられた親の「毒」のようなものだと気づいたとき、私は自分を取り戻すことができ、自分らしく生きることができるようになったのです。自分の子どもにもその「毒」を植え付ける連鎖を断ち切ることができたのです。

カウンセリングに訪れる人から、親にされたことを自分の子どもにもしてしまいそうで不安だ、親子関係や夫婦関係がうまくいかなくて苦しんでいる、自分がなにを望んでいるのかよくわからないといった訴えを聞くことがよくあります。

ところが、そうして本人を苦しめている原因が、親との関係にあること、親から植え付けられた「毒」にあることに気づいていないことが本当に多いのです。

もし、なんだか人生がうまくいかないと悩んでいるのなら、子育てがうまくいかないと不安を感じているのなら、一度立ち止まって自分の親はどんな親だったか振り返ってみてください。本書がそのための案内書となることを願っています。

♥のびのびと自分らしく生きられるように

自分の人生に植え付けられた親の「毒」に気づいたとき、親となった私の中にも

「自分の子どもだから思いどおりにコントロールしたい」

「自分が望むような〝いい子〟になってほしい」

と、子どもの人生に「毒」を植え付けるような思いがないか振り返ってみました。

さらに、「あなたはあなたのままでいい、そのままでいい」と子どもの全存在を条件付きではなく丸ごと認めているかどうか、また自分自身のことも「自分は自分のままでいい」と認めることができているか、自分の心に問いかけてみました。

子どもは、生まれたとき（あるいは胎内に宿ったとき）からすでに「独立した尊い

存在」です。親がその子をそのまま認め、条件付きではない無償の愛を注ぐことで、子どもは「自分は生きる価値がある、誰かに必要とされている」という自尊感情を築くことができるのです。

そのような心のベースを持つことができるように、そして子どもがのびのびと自分らしく、おもしろい人生を歩めるように応援するのが親の役目だと思います。

「発明王トーマス・エジソン」のお母さんの話を聞かれたことがあるでしょうか？

エジソンは小学校で「1＋1＝2」と教えられても鵜呑みにできず、「1個の粘土と1個の粘土を合わせたら、大きな1個の粘土なのになぜ2個なの？」などと質問して先生を困らせたというのは有名な話です。

いつもそんな「なぜ？」を連発するため、先生は授業を全然進められず、担任の先生がエジソンに「きみの頭は腐っている」と罵倒したというエピソードが残されています。校長先生からも「他の生徒の迷惑になる」と言われ、エジソンはわずか3カ月で小学校を退学することになったといわれます。

このとき、自分の子どもを全面的に信じて味方をし、エジソンの才能が開花するように後押ししたのが、お母さんのナンシーです。小学校を退学したあとは、元教師でもあったナンシーが個人授業を行ない、知りたがりのエジソンの知的好奇心を満たしたといいます。

これが、発明王トーマス・エジソンへと成長させる基盤を作ったのです。エジソンはのちに「母が私の最大の理解者であった。母が居なければ私は発明家になっていなかっただろう」と語ったそうです。

もしエジソンのお母さんがわが子を「独立した尊い存在」として受け入れず、「子どものために」という一方的な思い込みだけでエジソンの人生に「毒」を植え付けていたら、エジソンは小学校もまともに通えない落ちこぼれになっていたかもしれません。ましてや、あの偉大な才能を開花させることはなかったでしょう。

子どもは、おもしろいくらいに親の背中を見て育ちます。逆にいえば、子どもを見れば親自身の生き様を見ることができます。もし、子どもが自分らしさを発揮して活き活きと生きているなら、それはまさに親であるあなたが「活き活きと自分らしい人生を生きている」からだと思います。

子どもがどれだけ活き活きと人生を歩めるかは、親であるあなた自身がいかに自分の人生を活き活きと楽しく生きているかどうかとイコールなのです。

もし、自分はそれがうまくできていないと思われるのなら、あるいはひとりの人間として生きることに生きづらさを感じているのなら、まず、あなた自身の人生に親から毒を植え付けられていないか振り返ってみてください。そのことをしないままでは、あなた自身が自分らしい人生を活き活きと生きることは難しいからです。

この本との出会いが、そのことに気づき、自分の人生を活き活きと生きるきっかけになると信じています。

＊事例として本書に登場する人物の名前などはすべて仮名です。また、個人が特定できないように多少の脚色を加えてあります。

1章

知らぬまに子どもの人生に植え付けられる親の毒

親にコントロールされて生きていないか

『毒になる親―一生苦しむ子供』（スーザン・フォワード著　講談社）という本が、いま手元にあります。この本の帯には【親が子どもの「トラウマ」になる!!】と書かれています。

ここでいう「毒になる親」とは、子どもの自立を妨げ、子どもの人生に依存して苦しめる親のことです。子どもは生涯にわたって親の支配から逃れることができません。「毒になる親」によって傷つけられた子どもの心は、大人になってもなかなか癒されることはなく、それどころかさまざまな問題や悩みの大元になることがとても多いのです。

私はカウンセリングを通じて、親からの過剰なコントロールがその人の一生に影響していることに何度も気づかされました。

ある60代のSさんという女性がカウンセリングを受けに来られたことがあります。彼女の悩みは「家に飾ってある写真の中の母に、毎日睨まれていて苦しい」ということでした。その方の母親はすでに亡くなってからもう何年も経っていました。母親は生きている間、なにかにつけSさんに命令をして彼女のことをコントロールし、言うとおりにしないとヒドイ言葉で罵倒したそうです。

Sさんはそんな母親に育てられている間ずっと「自分が悪いから叱られるんだ」「自分ができないから心配して、あれこれ言ってくれるんだ」「親なんだから感謝しなくては」と思い続けていたそうです。

「母が亡くなって、やっと自分を罵倒する人がいなくなったにもかかわらず、なにかをしようとするたびに母の怒鳴る声が聞こえ、写真の中の母の目がこちらを睨んでいるようで、怖くてしかたがないんです。どうすればいいのでしょうか？」

そう言われながらも「こんなことを相談している親不孝者だから、母に睨まれても仕方がないんですよね」とおっしゃいます。

私よりはるかに年上の女性からの、しかもすでに亡くなっている「お母さん」に苦しめられているという話を聞いて、正直とても驚きました。

これまでの日本では「親には感謝するもの」と当たり前のように言われ、親を批判することなど許されるはずがないと考えられてきました。そのために、たとえ親から自分の人生に毒を植え付けられたとしても、そして親が亡くなったあとまでその幻影に悩まされていたとしても、Sさんのように「こんなことを相談している親不孝者だから、母に睨まれても仕方がないんですよね」と罪悪感に満たされてしまうのです。

Sさんには、「もうお母さんに人生を支配されなくてもいい」というお話をしました。それには、自分はこの母親にコントロールされて生きてきてしまったということを認めることが必要であり、だからと言ってそれが親不孝で罰当たりなことではないとお話ししました。

亡くなった方は、あの世で自分の行ないが善きものだったのか悪しきものだったのか振り返る時間があると聞いたことがあります。Sさんには「お母さんは、亡くなってからSさんに対する行為を悪かったと反省しているかもしれないですね」とお伝えしました。

それからしばらくして、Sさんは「60代にして初めて、本当にやりたいと思うことを見つけて学び始めました！　いまでは、写真の母は微笑んでいるように見えます」

と教えてくださいました。

もしもあなたの人生が、なんだかよくわからないけどうまくいかないと悩んでいるのなら、「本当はなにを望んでいるのか」自分の気持ちがよくわからないのなら、自分の子どもとうまく向き合えず迷っているのなら、あなたの「親」はどんな親だったのか、自分の人生を親にコントロールされて生きてきてしまっていないか、一度立ち止まって考えてみてほしいのです。

親の「否定的な言葉」が毒になる

幼い子どもにとって親の存在は「絶対」です。養育してくれる大人がいなくては、生きていくことができないのです。それがゆえに親から言われた言葉が毒になってしまうことがいかに多いことか。

「この子は一人じゃなんにもできない」

「ホントにグズでのろまなんだから」
「やっぱりダメじゃない」
「どうして親を困らせるの」
「あんたなんか生まなきゃよかった」

何度も何度も言われる「否定的な言葉」が毒になって、その子の人生にまとわりついて離れなくなってしまうことの怖さ。親は「あなたのためを思って」と信じていますが、それは本当に「あなた」のためなのでしょうか？

カウンセリングをしていると、恋愛や結婚、育児、夫婦関係、お金のことなど、そこで起こるさまざまな問題の根っこに親から植え付けられた毒が影響していることが多いことを思い知らされます。しかも、その毒は幼いころから知らずしらずのうちに植え付けられているために気づくことができず、本人は一人苦しんでいるのです。

わが家では長男が小学1年生のときに次男が生まれました。そのとき長女はまだ4歳で、私は3人の子育てで毎日がてんやわんや。次男はやたらと病気になる子で、生

後1カ月くらいから毎週のようにお医者さん通い。1歳のときには、細気管支炎になって1週間ほど入院することになったり……。すでにお話ししたとおり、長男は長男で、とにかく育てるのが大変な子でした。

そんな状態だったから、私自身いつもいっぱいいっぱいになって、些細なことで怒るというより、怒鳴りつけることもたびたびでした。とても本人のためを思って叱っているわけではない。イライラが私の許容量を超えてピークに達したから怒鳴りつけて大人しくさせる……そんな日もよくありました。

これではいけないと、いろいろな育児書を読んだり育児の講演会や勉強会にも参加したりして子育ての勉強をしましたが、現実は同じくり返しでした。子どもは怒鳴って叱り飛ばして育てるものじゃないと、頭ではよくわかっている。自分が間違えていることもわかっている。そして「この子のために叱っている」と表面では思いながら、本当は自分のストレスをぶつけているだけなのも。心の奥ではそのことがわかっている。

でも、ずるい大人の私は長男を怒鳴りつけながら

「あなたが大きくなったときに困らないように、ママはあなたのために、あなたが大

好きだから怒っているの!!」

と言っていました。

それは本当にずるい言葉だと心の底ではわかっていたのです。長男が

「ママは、ぼくのために怒ってくれる。それは、ママがぼくを大事に思っているからなんだよね！」

そう言うのを聞くたびに胸の奥がズキズキ痛んで……。

本当に心から子どものためを思って叱ったことも、それはもちろん何回もある。何回もあるけれど、そうではなく、自分の都合で怒ったことはもっとある。

子どもたちはそれを全部「ママからの愛」だと純粋に受け取ってくれていて、「悪い子のぼくをいつも叱ってくれてありがとう」って言われたこともありました。

でも、言われるたびにドキッとする自分がいて、子どもを愛しているからこそ厳しくしつけているって本当？　って自問自答していました。ただの八つ当たりだったり、ストレスをぶつけているだけだったりってこと、あるよね？　と思う自分を自分自身ではなかなか認めたくなくて……。

あるとき、これ以上自分を誤魔化していたら、子どもの人生を奪ってしまうという

思いが押し寄せてきたのです。本当は「愛」からじゃない、「ただ自分の怒り」を正当化しているだけだと。

これはもういまから何年も前の話で、いまではほとんど子どもたちのことを怒らないし、怒鳴ったりしていた自分が恥ずかしいと思っています。それを「親の愛」だと子どもに錯覚させていた自分を反省しています。

大人になってみると、あえて誰も言ってくれないような厳しいこと、耳に痛いことを伝えてくれる人は、とてもありがたいし、その厳しさの中にこそ「愛がある」と感謝することもあります。でも世の中には、ベースに「真実の愛」がないのに、自分の怒りを正当化しているだけなのに、厳しくするのは「あなたのためだから」と言う人もいるんですよね。

あえて耳に痛いこと、他の人が言って教えてくれないようなことを言うのは、いつでも本当に「あなたのため」の話なのでしょうか？　その言葉の奥に自分勝手な都合や何かに対する八つ当たり、ストレスが入っていないでしょうか？

それは親になった自分にも当てはまるかもしれません。子どもに「あなたのために伝えているのよ！　だからちゃんと受け取りなさい！」という気持ちで言い聞かせるのは当然のことだと思いますか？　それは本当に「あなたのため」の話なのでしょうか？

その自分が放つ言葉の奥にあるものを見つめてみたことはありますか？

親の毒に気づかず悩んでいる

子どもが私の怒りを「ママからの愛」だと純粋に受け取ってくれて、「悪い子のぼくをいつも叱ってくれてありがとう」って言うのを聞いたとき、「悪い子」にしちゃっているのは誰なのか、私は本当は気づいていました。

私がやたらと怒るから「怒られるぼく」イコール「悪い子」って、怒られている内容よりも「悪い子」「ダメな子」ということに本人がフォーカスしちゃうのではないかと思いました。

子どもが自分の思いどおりになるかならないか、で子どもを見ると、親が求めるとおりにしない子は「悪い子」「ダメな子」「親を困らせる子」となってしまいます。それが子どもに罪悪感を抱かせます。その罪悪感が子どもの心に毒となって植え付けられてしまうのです。

否定的な言葉を子どもに投げつけていると、自己肯定感の低い子に育ってしまう可能性が高くなります。自己肯定感とは【自分は生きる価値がある、誰かに必要とされている、と自らの価値や存在意義を肯定できる感情のこと】を言います。もっと簡単に言うと「ありのままの自分でよい」「いいところも悪いところも全部含めて、それが自分であると認められること」「そのままの自分で価値があると思えること」、それが自己肯定感です。

子どもは親の思い、とくに母親の思いを受けて育ちます。母親が自分の子をどう思うか、どんな言葉を投げかけるかで、子どもがどんな子に育つか決まるのです。たとえば、「ホントにバカな子ね」と常に言っていると、バカな子になるかもしれません。「この子は親を困らせてばかりのダメな子で」と思っていると、親を困らせるダメな子に育つかもしれないのです。

親が子どものありのままを認めて受け入れないと、それが毒のように子どもの心を侵し、人として成長するためにもっとも大切な自己肯定感や自尊感情が育つのを妨げます。自己肯定感や自尊感情が低いまま大人になると、自分に自信が持てず、人と比べて自分はダメだと落ち込んだり、人にどう思われているのかがとても気になったりします。

カウンセリングで、恋愛、結婚、育児、夫婦関係、仕事上での人間関係などがうまくいかない、人生が生きづらいという悩みに接していても、親から植え付けられた毒に気づかないからだと思わされるケースがとても多いのです。

子どもらしいい子ほど「都合のいい子」ではない

どんな子を「いい子」だと思いますか？

おとなしい子、素直に親の言うことを聞く子、我慢ができる子、勉強ができる子、挨拶をちゃんとする子……。これってみんな大人にとって「都合のいい子」「育てるのが楽な子」ではないですか？　それって本当に「いい子」なのでしょうか？

生まれたばかりの赤ちゃんは、本能のままに行動します。お腹が空けば泣くし、抱っこしてほしくても泣く、親に気を使って「いま、お母さんは忙しそうだから泣くのは我慢しよう」なんて思わないはずです。

生まれながらの個性はあるとしても、子どもは本来好奇心がいっぱいで、自分の感情のままに動いたりしゃべったりします。大人から見たら困った行動でも、それは子どもが本来持つ子どもらしさであり、子どもらしい子ほど大人にとって「都合のいい子」、ではないということです。

この世に生まれてきてまだこの世界のルールがわからない子どもに、「しつけ」をすること、社会性を身に付けるためにいろいろと教えることは親（大人）の役目です。しかし、そのとき子どもが自分の思いどおりになるかならないかで子どもを見てしまうと、親が求めるとおりにしない子は「悪い子」「ダメな子」「親を困らせる子」になってしまいます。子どもは、そうなれない自分に罪悪感を抱いているかもしれません。それが子どもを生きづらくする毒になるのです。

「普通、小さい子はいろいろいたずらをして大人を困らせるのに、あなたは幼いころ、テーブルの上に置かれたものには決して手を出したりしない、いたずらして親を困らせないいい子だった」と、親から言われたことがあります。そう言われたときは、親に褒められたようでうれしかった覚えがあるのですが……。

自分が親になり子どもを生んで育て始めたとき、テーブルの上のものをいじって、いたずらしないでおとなしく座っているのは、すごく不健全で子どもらしくないんじゃないかと思いました。どれだけの恐怖で子どもの心を支配したら、そんなふうにいたずらしない子になるんだろう、と恐ろしく感じました。

子どもは好奇心のかたまりです。その好奇心からいたずらをして、いろいろなことを脳が学んでいく必要があります。だから、大人を困らせるためにいたずらをしているわけではないのです。

親の都合で子どもらしさを押さえつけてしまうと、子どもは親の顔色を見ながら生きるようになり、行動の基準が「自分がどう思うか」「自分がどうしたいか」ではなく、「親がどう思うか」「親がどうしたいか」になってしまいます。

そのまま大人になると、自分の気持ちがわからない、人の目や他人の評価、まわりはどう思うかばかりが気になるようになります。そうして自分以外の誰かやなにかに振り回される人生を歩むことになってしまいます。

数年前、私のところに「生きている意味がわからない」と相談にいらした20代のSさんは、どうがんばっても母親の望む「いい子」になれない自分自身に怒りを抱え込んで生きていました。テストで満点がとれないと叱責される。褒められたくて懸命に勉強しても、学年トップでないと意味がないと罵られる。ピアノも習字もコンクールで優秀な成績をとらないと口をきいてもらえない。そんな子ども時代だったそうです。はしゃいだり、友達と楽しく遊んだりした記憶もない。子どもらしく遊ぶ同級生を冷ややかな目で見てバカにしているような子だったといいます。

ピアノも習字も自分からやりたいと始めたわけではなく、親に言われるままに習い始め、ただただ母親に褒められたくて認められたくて一生懸命がんばって……それでも、ただの一度も褒められたことはない。勉強も好きだったわけじゃない。学年トップになったら褒めてくれるはずと思って必死に勉強したけれど、トップになって「当たり前」の一言で褒めてもらえなかった。

そしていま、なにをやっても面白くない、楽しくない、なにもがんばれない。自分はなにをやりたいのか、なんで生きているのかわからない、と。

自分が何者かわからない

「自分の内面と向き合おうとすると頭の中が真っ白になって、空っぽな自分がいるようで苦しい」と相談にいらした30代のHさんは、最初子ども時代の記憶がほとんどないとおっしゃっていました。

彼女は、誰でもそんなに小さいころのことは覚えていないのが普通だと思っていたようです。

通常、3歳以前までは脳の中の記憶をつかさどる部分が未発達なため、幼いころのことを思い出せないのは当然のことだったりしますが、Hさんのいちばん古い記憶が中学卒業あたりからで、幼稚園・小学校時代のことはほとんどなにも覚えていないといいます。

カウンセリングでお話をするうちに、幼いころ「お母さんに迷惑をかけるとお母さんが怒るし困るから、お母さんに迷惑をかけたらいけない」と思っていたこと、なるべく「いい子でいよう」としていたことを思い出されました。

妹さんが生まれて赤ちゃんのお世話で母親が忙しくなったときは、「ただでさえ大変なんだから、あなたはおとなしく黙ってて！　あなたまでママを困らせないで！」と、なにもしなくても常に怒られていた気がする、と。

Hさんの子ども時代、なにを言ってもやっても、なにも言わなくてもやらなくても頭ごなしに怒られていた様子が、カウンセリングを続けるうちに見えてきました。彼女は子どもらしい感情を表に出すたびに親に怒られ、だんだん感情が動かない子どもになっていってしまったのだと思いました。

感情と記憶は連動しています。だから、彼女は子ども時代の記憶を封じ込めて生きてきてしまったのかもしれません。

一生懸命に親の気に入るようにがんばって、いい子でいようと努力していた。その結果、大人になって自分が何者なのかわからなくなってしまっている。Hさんに限らず、そんな人があまりにも多いように感じます。

子どもが親の期待に応えようとして子どもらしい感情を抑えて、いい子を演じようとすることを「いい子症候群」と呼んだりもするようです。

親の顔色をうかがい、親が喜ぶことをする。親からすると、手のかからない「いい

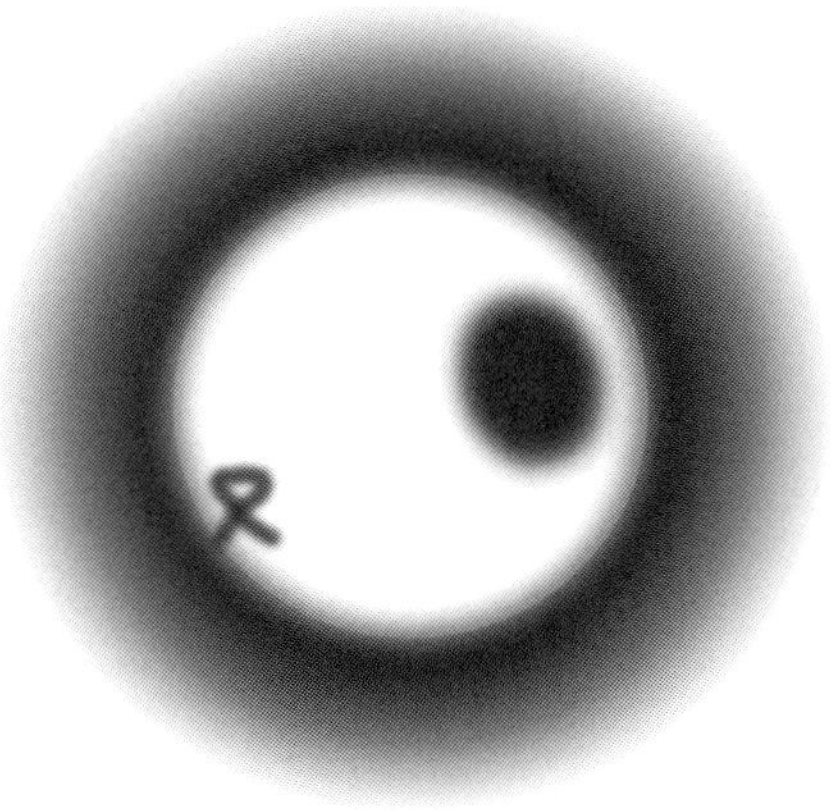

子」となります。

でも、この生き方は「自分の人生」を歩いているのではなく、親が敷いたレール（親の価値観）の上をただ歩いていることになるので、だんだんと苦しくなり、生きづらさを抱えるようになります。

なかには、自分の感情を抑圧していた反動で心の病を発症してしまう人もいます。

親の毒のために恋愛・結婚がうまくいかないことも

親に植え付けられた毒のために、恋愛・結婚が上手くいかなくなる人もたくさんいます。

恋愛の悩み相談に来てくださった30代のKさんは、何回かカウンセリングを続けたあと、こんな内容のメールを送ってきてくれました。

〈自分の両親（とくに母親）を見ていて、結婚とは我慢、忍耐を必要とするものと思い込んでいたこと、愛されるということと我慢や忍耐がイコールになっている自分がいることに気がつきました。

頭では結婚したいと思いながら、いざとなるとブレーキがかかるのは、親との関係が大きく影響していることをカウンセリングでお話ししながら実感しました〉

40代のMさんは、カウンセリングを受けているうちに、心の中で母親に反発・反抗している自分がいることに気づいたようです。

「自分の母親を見ていると、結婚生活が楽しそうにはとても思えない。いつもパートナー（彼女の父親）に対する文句や愚痴ばかりで、夫婦喧嘩が絶えない。だから、結婚してもいいことはないんだと、ずっと思いながら大人になった。

ところが、母親にもういい年齢だから早く結婚しろと言われるようになった。それを言われれば言われるほど結婚に結びつかないような相手とばかり恋愛したり、絶対に親が反対しそうな相手ばかり好きになった」

彼女は、いろんな相手に出会ってお付き合いするのに結婚に結びつかないことに悩んで私のところに相談に来られたようですが、話していくうちにわかった彼女の本当の気持ちは

「お母さんを喜ばせたくない！」

というものでした。だからこそ、母親に「早く結婚して親を安心させてほしい」と言

われると、無意識に結婚に結びつかない相手を選んだり、上手くいっていたはずの恋愛関係を自ら壊してしまったりしていたのです。

Mさんの心の奥にあったのは「もうこれ以上お母さんの言うとおりにしたくない。コントロールされたくない」という怒りのようなものでした。親に植え付けられた毒のせいで「自分を幸せにしない」という選択をしてしまうこともあるのです。

親との関係は、子どもの性格や価値観だけではなく、恋愛や結婚にも大きく影響してきます。とくに子ども時代に親に植え付けられた毒によって自己肯定感が低くなると、「ありのままの自分でよい」「いいところも悪いところも全部含めて自分であると認められる」「そのままの自分で価値がある」といった自我をつくることがむずかしくなります。

自分で自分を大切にする、自分で自分を愛することができず、その分、相手が自分を愛してくれるかどうか、自分を認めてくれるかどうかが必要以上に気になります。自分らしい生き方を見出せず、いつも心が不安定になります。他人軸で生きるのは苦しいことです。

自己肯定感が高ければ、多少他人の評価が気になることはあっても、そこに振り回されずに済みます。

この自己肯定感は大人になってから体験する恋愛や結婚、育児、夫婦関係、仕事上での人間関係など、あらゆる場面で影響してきます。


子どもの人生に毒を植え付けてしまう親は、子どもからさまざまなものを奪います。可能性の芽を摘み、生きる力を奪い、自分で考える力・感じる力を失わせます。それが「生きづらさ」を生み、人生の負担になっていきます。

うまくいかないことがあるとすぐくじけてしまう、本当はどうしたいのか自分のことがわからない、死んでしまいたくなる……そんな気持ちの背後には、親が子どもの人生に植え付けた毒が潜んでいる可能性は大きいのです。

私のカウンセリング体験からも、まだ幼くて大人に頼らないと生きていかれないのに親の思いどおりにコントロールされすぎたために、大人になっても自分の人生を生きていけない、そんな人があまりに多くなっていることを感じます。

子どもは親の所有物ではなく、「神様からの預かりもの」です。いつか世の中に、社会に返す日まで神様からお預かりしたその「命」を大切に育てることが、本当の親の役目なのだと思います。

それはわかっているつもりでも、実際に子育てをしていると、自分の子どもだから親の思いどおりになる「いい子」を求めてしまいやすいものです。それは、自分の親から連鎖してきている毒に気づかないかぎり変えることはむずかしいのです。

2章

いまでも「認められたい」自分がいますか？

「お母さん」に認められたい

「自分は価値ある存在だ」と他人に認められたい気持ち、これを「承認欲求」といいます。この「認められたい気持ち」は誰でも持っているものです。

アメリカの心理学者アブラハム・マズローによると、人はこの「承認欲求」が満たされないと、未来の夢や目標、自己実現に向かってチャレンジしようという欲求が生まれてこないそうです。反対に、「承認欲求」が満たされることで自己肯定感が育まれるといいます。

幼い子どもにとって、たいていは母親が自分の世界のすべてです。子どもの承認欲求を満たすことができるのは、母親だともいえます。

子どもたちはなにかするごとに「ほら、見て！　お母さん。私すごいでしょ!!　お母さん」と、母親に見てもらおう、褒めてもらおうとします。

子どもがひとりでようやく靴を履けるようになったとき、「すごいね！　自分で履けるようになったんだね」と褒める。子どもが一生懸命に描いた絵を「がんばって描いたんだね」と喜ぶ。

そんなふうに、子どもは親から認められることによって自分に自信が持てるようになり、やる気が育ちます。

母親に愛されたい、認められたいという思いを幼い子どもほど持っています。その思いが満たされて大人になると、必要以上に他人に承認を求めようとしなくなります。自分でちゃんと自分のことを認められるようになるからです。

ところが、その思いが満たされないまま大人になってしまうと、いつまでたっても「愛されたい」「認められたい」「褒められたい」という思いを心の奥に抱えるようになってしまいます。なかには必要以上に他人に認められよう、評価されようとする人もいます。

それは、ありのままを認めてもらえなかったという子どものころの自分がいまも心の奥に住んでいることと関係しています。

親との関係で「自分は認められている」「自分は生きる価値がある人間だ」という自己肯定感が育っていないと、思うようにいかないことがあるたびに、自分はダメなんだと自己否定の気持ちを内側に抱えやすくなります。

子どもの人生に毒を植え付けて、その未来を邪魔する親に育てられると、「自分は価値ある存在だ」という思いが育たないまま大人になってしまうことがあります。

自分に自信がなくて何をしても自己嫌悪に陥ってしまうことが多いと相談に来られた40代後半のKさんは「どうせ私なんて……」が口癖でした。彼女に「Kさん、〇〇に対して一生懸命ですごいですね」と褒めると、決まって「いえいえ、私なんて全然ダメなんです。Aさんのほうがよっぽど私より努力しています」と言われます。こちらの褒め言葉を全力で否定されることがほとんどです。

本当は他人に褒められ認められたいはずなのに、褒め言葉を上手に受け取ることができないのです。親に認められたいという思いを否定されたまま育つと、他人に対しても認められたいと思いながらも、認められなくて傷つくのが怖くて「どうせ私なんて……」と言ってしまうのだと思います。

でも本当は認められたくて、もっとがんばらないと、もっと努力しないとと自分を追い込んでしまったり、「どうせ私なんて褒められない」「甘えたらいけない」「愛されるわけがない」と思い込んでしまうのです。

幼いころの自分を思い出してみる

いま、誰かに認められたくて、褒められたくて、がんばりすぎていることはないですか。もしそうならば、じっくり自分の心の奥底を覗いてみてください。

他人にどう思われるか、を行動の基準にしてしまっていませんか。一生懸命がんばったら褒められる、認めてもらえると思っていませんか。こんなにがんばっているのに、こんなに好かれるように努力しているのに、全然認められない!! と心の中で腹を立てたり、悲しくなったりしてはいませんか。

そもそも、いったい誰に認めてもらいたいのでしょうか？　誰に褒められたくてがんばっているのでしょうか？　もしその誰かに認められたら褒められたら、それでやっと自分で自分を認められるのでしょうか？

幼いころの自分を思い出してみてください。

☆なにかができるようになったとき、お母さんに褒められたくなかったですか？

☆お手伝いをして「えらいね。ありがとう」って言われたくなかったでしょうか？
☆習い事をがんばったらお母さんが褒めてくれると思いませんでしたか？
☆妹や弟の面倒をみて「さすが、お姉ちゃん！」って言われたくなかったですか？
☆お母さんの言うことを聞いて、いい子でいなくちゃいけないと思いませんでしたか？
☆一生懸命お母さんの役に立って、お母さんに愛されたいと願っていませんでしたか？
☆しっかりしていないと、いい子でいないと、お母さんの役に立つ子じゃないと、お母さんに認められない、お母さんに愛されない、そう思っていませんでしたか？
☆そして、じつはいまでも心の奥深くでそう思っている自分がいることに気がつきませんか？

「がんばっても、がんばっても自分はまだまだダメだと思ってしまうし、自分にまったく自信が持てないんです」と相談に来られた40代のFさんは、カウンセリングの何度目かに、自分の行動基準が「どうしたらお母さんにもっと認められるのか、褒められるのか」になっていることに気づかれました。

山登りが好きな母親が山の写真を見せてくれるとき、彼女は山にもその写真にもまったく興味がないのに、一生懸命興味があるふりをして山の話を聞くそうです。1枚1枚写真を丁寧に見て、どう自分が反応したらお母さんが喜ぶのか考えながらコメントするそうです。

カウンセリングのなかでFさんは、「母の話を一生懸命聞くことで、そのうち母も私の話をちゃんと聞いてくれるようになるかもしれない、と期待しちゃう自分がいるようです」と言います。それでお母さんの反応はどうですか？　と尋ねたら、

「いつも母は、自分の話したいことだけ話したら、それで終わり。あなたの話はどうせつまらないと、私の話をまともに聞いてくれたことはあまりないです。それなのに、毎回今度こそ一生懸命母に反応したら自分の話も聞いてもらえる、自分にも興味を持ってもらえるはずと期待して母の話を聞きます。でも、いつも失望する自分がいます」

という答えが返ってきました。

Fさんが小学生のとき、球技大会で彼女のクラスが優勝したことがあったそうです。どちらかというと体育は苦手だったけれど、そのときは自分も点数を入れることができて、うれしくてとても誇らしい気持ちで家に帰りました。

さっそく母親に「球技大会で優勝した」話をしたそうです。そのとき「そんな話、お

母さんには関係ないでしょ。それよりこないだのテスト、あの点数はなんなの？」と怒られたことが、いまでもショックで忘れられない思い出になっていると話してくれました。

自分のご両親と二世帯同居しているというKさんは、兄弟間のことで悩んで相談に来られました。「兄は長男のくせに、結婚して離れた所に住んでいて、妹の私が親の面倒を見ています。兄は、実家に寄りつかないどころか金銭的な援助もしません。親のことなんてどうでもいいと思っているようで腹が立ちます」というのです。

よくよくお話を聞いてみると、Kさん自身の心の奥に「しっかりしていないと、いい子でいないと、お母さんの役に立つ子じゃないと、お母さんに認められない。お母さんに愛されない。一生懸命お母さんの役に立つように生きて、お母さんに愛されたい」という気持ちが隠されていることがわかりました。

長男であるお兄さんが、お母さんに愛されて認められるのが耐えられず、お兄さんが実家に帰って来づらくなるように仕向けていたのは、じつは彼女自身でした。

子どもたちを思いどおりの「いい子」に育てようとするあまり、親が兄弟を比べた

2
章

り、誰かだけを特別に可愛がりすぎたり、逆に誰かだけに厳しくしすぎたりすると、大人になってから兄弟の仲がとても悪くなることはよくあります。

Kさんの場合は、「お母さんの役に立たないと愛されない」という思いを心の奥に抱えていることが問題でした。なにもしていないのに親から愛されているように見えるお兄さんに対して彼女が抱えている怒りは、Kさん自身が驚くほど大きいものでした。しかし、その怒りの原因は「お兄さん」にあるではなく、本当は「お母さん」に対するものだったのです。ですから、お兄さんにいくら腹を立てていても前には進めないとお伝えました。

Fさんも Kさんもそうですが、大人になってもお母さんに認められたい、褒められたい、愛されたいと思っている自分はいませんか。お母さんに認められない自分はダメだと思い込んでいる「幼い自分」が、あなたの心の奥深くに潜んでいませんか。もしそうならば、ここをしっかり見つめないかぎり、人生の生きづらさを取り除くことはできないし、前に進めないと思います。それだけでなく、あなたの子どもも同じ思いを抱いて苦しんでいるかもしれません。

大人になっても親に認められない自分を責めている

ここで、あなたが子どものころ、親に対してどんな気持ちを抱いていたか振り返ってみてください。

☆親が厳しくて怖かったですか？
☆親が忙しすぎてかまってくれず寂しかったですか？
☆親がなんでもやってくれてわがまま放題でしたか？
☆怒られてばかりで、やることなすこと「ダメ、ダメ」と禁止されていましたか？
☆いつも自分の行動を干渉され、制限されて息苦しくなかったですか？
☆そうではなくて、いつも褒められ認められて、愛されていることを感じながら安心して過ごしていましたか？

1章で「お母さんを喜ばせたくない！」という気持ちを抱えていたMさんのことを

お話ししました。彼女は、いまは母親に「どこに行っていたの？」と聞かれるだけで「私のことはほっといて！」と、意味もなく腹が立つとおっしゃっていました。

子ども時代、やることなすことすべて母親に干渉され、コントロールされていた気がするというMさんは、「もう、私にこれ以上干渉しないで!!」という心の叫びに悩まされていたのです。

子ども時代の記憶がほとんどないと言っていたHさんは、いまだになにを決めるときも「お母さんはどう思うか」と考えてしまう自分がいるそうです。自分はすっかり大人なのに、常に「お母さんは賛成するだろうか？　反対するだろうか？」が物事を判断する基準になっていて、自分はどう思うか、自分は本当のところどうしたいのかがよくわからない、と悩んでいました。

結婚したいと願い、カウンセリングを続けている30代後半のAさんは、最初のころは「母とはとても仲が良いし、親との間に問題はないと思います」とおっしゃっていました。

ところが、しだいに「お母さんに嫌われないようにしよう」「怒られないようにしよう」と、いつも母親の顔色をうかがっていた子ども時代のことを思い出されました。記憶の奥に埋もれていた子ども時代のAさんは、いつも些細なことでお母さんに怒られていました。それがとても苦しかったそうです。大人になったいまは、お母さんがAさんを怒ることはないし、Aさんに頼るようになったため、仲良し親子になっているようでした。

ところがそんな彼女もHさんと同じように、やはり自分は本当のところどうしたいのかわからない、という悩みを抱えていました。お母さんと仲良くしていたい、いつまでもお母さんの子でいたい、その思いが強すぎて、表面的には「結婚したい」と言いながら、いまだに自立できていない様子が話の端々からうかがえました。

Tさんは、仕事でミスをすることが怖くてしかたがないという悩みを抱えて相談に来られました。彼は、カウンセリングでお話ししているうちに、テストでも習い事でもミスをすることに対して両親がとても厳しかったことを思い出されました。それが今の自分につながっていることに気づかれたのです。

お子さんが二人いて、ついつい倒れるまでがんばってしまうYさんは、「自分は母親としてまったく足りていない」が口癖になっていました。私から見ると、家事も仕事も一生懸命やっているし、子どもたちの勉強もよく見てあげる立派なお母さんです。

というより立派すぎるくらいで、そんなふうにしていたら倒れるのも無理はないだろうなと思えるのですが、彼女は「自分は怠け者で全然ダメなんです」とおっしゃいます。数回のカウンセリングで見えてきたのは、子どものころに、どれだけがんばっても、いつも「まだまだできるはずなのに、怠けている」と母親に言われたこと、だから母親に認められたい、褒められたいといまでも自分を責めている彼女の姿でした。

この世で最初に築く人間関係は「親子関係」

私自身のことを振り返ってみると、「これをしたら、お母さんになんて言われるか」「これがバレたら、どれだけ親に怒られるか」が、いつも頭の中にあるような状態で大人になりました。

そんなふうに行動の基準が親に怒られるか怒られないかだけだった私が校則の厳しい高校を選んだのは、「自由」が少なくて行動が決められているほうが安心できると思ったからです。

小さいころから頭ごなしに叱られ否定されて育つと、自分で考えて行動すると怒られるということを学んでしまいます。だから、自分では何も考えられない、自分の考えがわからない大人になってしまうのです。

高校を卒業して働きに出たとき、〝お母さんにいちいち確認しないと何もできない〟自分がいることに気づいてショックを受けました。最初の職場では、「こんなバカな子は見たことがない」とまで言われました。そのとき自分の中にふつふつと沸いてきた心の声をいまでも思い出すことがあります。

それは、「お母さん以外にはバカにされたり、怒られたりしたくない！　もう、大人なんだから誰にも何も言われたくない！　うんざりだ！」という自分の内側から聞こえてくる怒りの声でした。職場の先輩に仕事のやり方を怒られ、呆れられたとき、情けないくらい仕事ができない自分がいけないのに、なぜこんなに腹が立つのか、この怒りはどこからくるものなのか、なぜいまになって「お母さん以外には」と思ってしまうのか、そのときはよくわかりませんでした。

数年たって気づいたのは、いつも怒られてばかりで親の顔色をうかがっていた子ども時代のこと。どうしたら親から（とくに母親から）褒められるのか、認められるのか、どれだけ努力すれば気に入ってもらえるのかと苦しんでいた子どもの自分が、「親に認められない」ことに怒りを抱えていたということです。

だから、学校を卒業して働きだしたときに「お母さん以外にはバカにされたり怒られたりしたくない！　もう子どもじゃないんだから誰にも何も言われたくない！　うんざりだ！」という怒りの声が出てきたことに気がつきました。これまでお母さんにさんざんバカにされ怒られてきて、もう自分の器がいっぱいいっぱいで、だからこれ以上誰にも何も言われたくないと私の心が叫んでいたのです。

18歳の私は、まだこのことに気づかず、持って行きようのない思いで心がいっぱいいっぱいになっていました。それでも母親に愛されたい、認められたい思いが叶えられない苦しさから逃れようとして、20代になると私の行動は幸せな道とはどんどんかけ離れていきました。

いま、カウンセリングでいろいろな方の悩みに対していますと、その20代のころの自分を思い出すようなケースによく出会います。

それでも大人になったら、たいていは親との関係はそれほど影響しないのではないかと思われますか？　本当にそうでしょうか？　カウンセリングをしていますと、必ずといっていいほど「親との関係」が子育て、夫婦の問題、人間関係に大きく関わっていることを痛感させられます。

このことにとくに気づかされるのは、子どもを生んで親になったときかもしれません。自分と親との関係が、そのまま自分と子どもとの関係に影響してくるからです。

すでにお話ししたように、私は小学校時代に、いじめにあってつらい毎日を過ごした時期があります。しかし、いつも「いじめられて泣かされて帰ってくるような子に育てた覚えはない」と母に怒られ、ときには家から追い出されることもありました。

毎朝、学校に行くのが嫌でたまらないのに、家にいるほうがもっと嫌で、休まず学校に行っていじめられていました。でも、そのことを親にバレたくなくて必死に隠して生きていたのに、「この子の眼は死んだ魚の眼みたいで、気持ち悪い」と母に言われたときの悲しさは、いまでもありありと思い出せます。

私の長男が小学校の宿泊行事の最中にいじめにあって、その後登校できなくなった時期があります。あのとき、100パーセントこの子の味方でいて愛でてくるんであげたいと願う自分と、私はそんなことしてもらえず一人でがんばったのに「この子には理解あるお母さん（これは、自分のこと）がいて、ズルい」と、なぜかそんなふうに思ってしまう自分とがいました。それはまだ、激しく揺れる自分の感情と戦っていたころのことです。

子どもに問題が起きているのに、自分の心の奥深いところでは親から植え付けられた毒に苦しんでいたのです。これって、いったいどうしたらいいの？　誰か助けてほしい、なぜこんなに苦しいのか教えてほしい、と心の中で叫んでいました。

子どもとの関係、夫婦の関係、友人や恋人との関係、仕事上の人間関係……そこで生まれる悩みは、目の前の相手との間に起こっていることだけが影響しているわけではありません。この世に生まれて最初に築く人間関係は「親子関係」です。親との関係から、その後のすべてに通じる人間関係を学んで大人になったあなたがいるのです。

気になる他人の目、それはお母さんの目？

嫌われるのが怖いと思うことはありますか？　誰でもたいていの人は人に嫌われたくないし、嫌われるよりは好かれたいと思っているものです。でも、必要以上にその思いが強かったり、「これをやったら嫌われるのでは？」とか「こんなこと言ったらなんて言われるだろう？」と怯えていたりする自分はいませんか？　世間に白い目で見られないようにきちんとしようと、人の顔色、人の目が気になりすぎていませんか？

どうしてそんなに他人の目が気になるのでしょうか。

離婚して実家に戻り、いまは実母とお子さんとの３人で生活をされている30代のNさんは、いっしょに暮らしている母親の目が気になって自分の思うような子育てができないと悩んでいました。

Nさんの話によると、子ども時代の彼女は厳しい母親から言われることに合わせて育ち、成人するとそこからただ逃れたい一心で早くに結婚されたようです。

その結婚生活はわずか数年でうまくいかなくなり、結局いちばん戻りたくないと思っていた実家に子どもを連れて帰ることに。自分の子ども時代のようにはしたくない、子どもはのびのび育てたいと思っているのに、どうしても母親が気になってうまくいきません。

子どもが母親が嫌がるようなことをして親の自分が怒られるのが嫌で、つい必要以上に子どもを怒ってしまう。この子の母親は自分自身のはずなのに、どうしても「お母さんに怒られたくないという子ども時代の自分が顔を出してきて苦しい」とおっしゃいます。

Nさんの話を聞きながら私自身も、わが子が自分の親が嫌がるようなことをしたらどうしよう、そしたらまた自分が怒られる、そんなのはとても耐えられないと思っていたことを思い出しました。

「もっとちゃんとしなさい」

「みっともないことはしないで」

「誰が恥をかくと思ってるの」

「人様に笑われるようなことはしないで」

あなたは、子どものころにそんなことを言われたことはありますか？　お母さんに怒られないように、お母さんを困らせないように、お母さんに迷惑をかけないように、がんばって生きていませんでしたか？

人がどう思うか、親がどう思うか、そこを基準に物事を判断していると、本当の自分の気持ちがわからなくなります。

子育てにおいて、とくに気になる「人の目」とは誰の目でしょうか？　わが子が、あれができない、これもできていない、こんなとんでもないことをしてしまう、おとなしく言うとおりにちゃんとしない。子どもをきちんとしつけられない、他の親のようにちゃんと育てられないダメな私は、誰の目がいちばん気になりますか。

子どもを通して「自分が子どものころ、親にダメだと言われた」ことを思い出すから苦しいのかもしれません。じつは、いまでも心の奥では「親の目」を気にしているのかもしれないのです。

「そのままのあなたでいいよ」と受け入れてもらって大人になると、自分の子どもに対しても「そのままでいいよ」と同じように受け入れることが容易になります。でも、「そのままのあなたではダメ」「それではダメ」と言われ続けて育つと、自分の子どもがその「ダメ」なことをしたら、そのまま受け入れることが苦しくなります。子どものころに言われた「ダメ」が、心の奥の方に突き刺さっているからです。

それは、いくつになっても、大人になっても、親になってからも、あなたの人生を邪魔します。しかも、そのことに気づかないままでいると生きづらくなるばかりです。

親の毒から自分を切り離す

なにかしようとすると、

「どうせ失敗するに決まっている」

「うまくなんかいくはずがない」

「こんなことしたら笑われるに違いない」

といった声が心の中でささやくことはありませんか。


自分の人生を親に支配されて、自分らしさを失って大人になった人はたくさんいるようです。だからといって、親が悪いんだと親のせいにして生きていても、なにも前には進みません。

必要なのはまず、「子どもは親、とくに母親の影響を大きく受けて育つ」という事実を知ることです。あなたが生きづらい、人間関係が上手くいかない、子育てが苦しくて毎日イライラするというのなら、自分の子ども時代の親との関係を見つめてみてください。そこになにか気づくことがあれば、そこから前に進む道が開かれてくると思います。

もし、子どものころ親に植え付けられた毒があることに気づいたら、それは自分の責任ではないと、その毒から自分を切り離すだけでいいのです。

親だってただの人間なのです。親になるための資格や試験なんてありません。親は絶対だ、親は立派だ、親に逆らってはいけない、親が間違えるわけはない、というのは、よくよく考えてみたらおかしな話です。「子どものために」を取り違えて、毒を植え付けてしまうことだってあります。

だから、親のせいで自分の生きる道が見えなくなっていると親を責めたり憎んだりしてもしかたないのです。親を許すとか許さないとか、感謝するとかしないとか、親不孝だとかそうでないとか、そういうことにとらわれていると、いつまでたっても先に進めません。もし親の毒に気づいたら、そこから変わっていけばいいのです。

私は小さいころからちょっとテンポが遅くて、ささっと動くことが苦手な子どもでした。わざとではないのに、急いでいるときほどノロノロと嫌がらせしているみたいに動作が遅いところがありました。親から見たら、イライラさせる子だったのだと思います。

母に「あなたはなんてのろまなの！」と言われると余計に動けなくなり、母親を困らせている自分が情けなくて心が痛かったことを覚えています。それと、中学校に入る少し前くらいまで泣き虫だった私は、なにかあって泣くたびに「泣くな！」と怒鳴られていました。それが怖くて怖くて仕方がなかったのです。私は、そんな気持ちを心の奥に抱えたまま大人になりました。

長男を育てるときは、初めての子ということもあり、またとても育てるのがむずかしいタイプの子だったこともあって、なにかあるたびに耳元で囁く「お母さんのダメ出しの声」が聞こえてきました。あまりに苦しくて苦しくて、どうしたらいいのか本当に悩みました。

じつは、次男は子どものころの私によく似ているところがあって、のんびりやさんでマイペース、そのうえ泣き虫。普段の動作もゆっくりだし、言葉をしゃべりだすのも、自転車に乗れるようになるのも、友達と遊ぶ約束をするようになるのも、まわりと比べても、上の兄姉と比べてもとても遅い子でした。

もし、長男を育てていたころの私だったら、とても心配になっていたかもしれません。でも、すでに私は母親に植え付けられた毒から解放され、心がとても自由で楽になっていたので、次男をそのまま受け入れて育てることができました。いまは、あの子が自分のペースで育つのを見ることがとても楽しいのです。

たしかに、忙しい日常生活のなかであまりにのんびりだと困ることもありますが、そういう次男を見ながら「ああ、こういう場面で私は親に『おまえはのろまだ！　いい加減にしろ！』と怒られていたんだなあ」と思い出したりしています。

次男が、学校で泣いてしまうことがある自分に悩んでいることを知ったとき、私も子ども時代によく泣いて帰り、親に怒られて家を追い出され惨めな思いをしていたことを思い出しました。

「泣きたいときは泣いたらいいよ。でも学校で泣くのが恥ずかしかったら我慢して帰ってきてからママの前でいっぱい泣けばいいよ」と伝えながら、これは子どものころ自分が親に言ってもらいたかった言葉だなあと思ったりしました。でも、長男のときのように「この子には理解あるお母さんがいてズルい」とは思わない自分がいることに気がつきました。

親だからって偉いわけじゃないんです。親だからって、子どもを怒鳴りつけたり叩いたりしていいわけないいんです。

親だって人間だから、間違えもする。いけないとわかっていたってイライラして怒鳴っちゃう日もあります。大切なのは、親の立場を利用して「正当化」しないことです。子どもが、親は自分を愛してくれているから怒ったんだよね、殴ったんだよねと思い、そのまま記憶の奥にしまってしまわないようにすることです。

親の立場を利用して正当化せず、子どものころの自分としっかりと向き合うことがとても大切です。子どものころの自分の感情をまずはちゃんと感じてみるのです。

子どものころ、お母さんに言われた言葉に傷ついた自分の感情、親の期待に応えられなくて情けないと思った自分の感情、迷惑かけてばかりで怒られるたびにダメな子だと落ち込んだ自分の感情、どうせ自分なんて愛されるわけがないと信じ込んでいた自分の感情。それらの感情をもう一度思い出してみるのです。

次に、傷ついている過去の幼い自分（インナーチャイルドと呼びます）を、いまの自分が優しく包み込み、愛しむように抱きしめます。もし手元にあるなら、幼いころの自分の写真を用意して、その写真の中の自分に向かって「あなたはあなたのままで、そのままでいいんだよ」と声をかけてあげてみてください。

つらかったよね、傷ついちゃったんだよね、よくがんばったね、他の誰かになろうとがんばらないで、あなたのままで大丈夫なんだよ、と。たとえあなたがどんな子であったとしても、私はあなたが大好きで愛しているよ、と。大人になったあなたが、過去の自分をしっかりと抱きしめて認めてください。

そうすることで、子どものころに育むことのできなかった「自己肯定感」を取り戻せるようになると思います。

こうしたことを自分一人でできるなら、それがいちばんですが、むずかしいと感じたら、信頼できるカウンセラーやメンタルセラピストに頼るのも良いと思います。

自分の感情は自分で選べる

大切なことは、親を許せない、あんな親みたいには絶対になりたくない、とそのことにとらわれないことです。親を許せないと思えば思うほど、そんなふうに思ってしまう自分のことが許せなくなったりします。それは、育ててくれた親を嫌うなんて自分はヒドイ人間だし、なんて親不孝者なんだろうと自分を責めるようになったりするからです。

大事なことは「そこ」ではありません。親は親、自分は自分。まずは親と自分を切り離して、傷ついた幼い自分を自分自身で受け入れ、認めることです。それによって、自己肯定感をしっかりと持つことです。

そして、自分はどうしたいのか、どうなりたいのか、なにを感じるのか、自分の本音はなにかに気づくことです。頭の中に住んでいる「お母さんの声」ではなく、自分の心の声を聞けるようになることです。自分を人生の主体にして自分を大切に生きることです。そうして自己肯定感を高めていくことで、徐々に親の呪縛から解放されていきます。

それとともに、記憶は当てにならないということも知っていてほしいと思います。人は自分のフィルターを通して物事を見て判断しています。同じものを見たり聞いたりしても、見えているもの、感じること、そして記憶に残るものはまったく違っていることもあります。あるいは、子どものころ親に言われたことを「子どもの目線」で「子どもの頭」で受け取ったから、勘違いして記憶していることも多々あるはずです。

たとえば、子どもの自分は、料理をしているお母さんの役に立とうと思って手伝ったのにお皿を落として割ってしまった。お母さんはその日の仕事に追われていて気持ちに余裕がなく、「余計なことしないで！」とものすごく子どもを叱ってしまう。これが、自分の心に「自分はお母さんに迷惑をかける」「自分は役立たずなんだ」「なにかすると怒られる」という記憶の元を作ってしまったとします。

本当は、お母さんはその日たまたま余裕がなかっただけで、いつもだったらこんな怒り方はしなかったかもしれません。それを子どもの自分が「いつもそうだった」と勝手に思い込んで、「親にダメだと言われる自分」という記憶を作り上げてしまうかもしれないのです。

そんなときは、硬く閉ざしている心の扉をちょっと緩めて、少し肩の力を抜いてみることです。そして「自分はそのままで大丈夫。子どもだから勘違いしちゃったのかもしれない」と幼いころの自分を抱きしめるのです。過去の自分を認め、思い込みを外すことができれば、親の毒から自分を解放し、そのままの自分を受け入れていくことができるようになると思います。

自分自身の親子関係は、良くも悪くも子育てに影響します。ということは、自分の親もその親（あなたにとっての祖父母）からどのように育てられたかで、その影響を大きく受けているということです。そこに悪い影響があるなら、そのことに気がついた自分が断ち切っていけばいいのです。

あれもこれも、親に人生を邪魔されたからうまくいかなかったんだ！　親のせいで人生がめちゃめちゃになっている！　と思い込み、その怒りをいつまでも握りしめていると、それは自分の道ではなく「親の道」「親といっしょの道」を歩いていることになってしまいます。

大事なことは「自分の感情は自分で選べる」ということです。「お母さんに認められよう」としながら生きることを止めればいいのです。止めることを自分が選択すればいいのです。親ではなく、自分で自分を認めることがなによりも大切です。

そんなあなたの姿を見て人生を学び、成長していくのが「あなたの子ども」なのだということも忘れないでください。

3章

「親は親、子どもは子ども」という生き方

全部、自分で決めて生まれてきた？

「この世に生まれる前の世界」を覚えている子どもたちがいます。

現在、高校生の長男が小さいころ
「ママのお腹にくる前は、友達や妹、弟といっしょに雲の上にいたんだよ」

「ママのお腹に入るために、雲の上で順番に並んでいたんだよ」

などと教えてくれたことがあります。

「お空からママを見てね、ママの子になろう！　って神様とお話ししたの」

と言ってくれたこともあります。


産婦人科医で胎内記憶の研究をされている医学博士の池川明先生によると、「胎内記憶」にはいくつか種類があるそうです。

1　「胎内記憶」「誕生記憶」

お母さんのお腹の中にいたときの記憶と、生まれてきたときの記憶

2「受精記憶」「精子記憶」「卵子記憶」
精子や卵子だったときの記憶

3「雲の上の記憶」（中間生記憶）
お母さんのお腹に入る前の記憶

4「過去生記憶」
いまの自分として生まれる前、別の自分だったときの記憶

とくに3番目の「雲の上の記憶」について、先生の著書には、
「『おなかに宿る前の記憶』、つまり、体が形成される前の記憶です。もっともよくあるのが『雲の上のような心地よいところで、神様のような存在に守られてのんびり過ごしていた。そして、どの親のもとに生まれるかを選び、自ら進んでこの世におりてきた』というストーリーです」（『なぜあなたは生まれてきたのか』青春出版社）
と書かれています。

長男が幼いころに言っていたこととまったく同じ内容で驚きます。地上での人生を終えたあと、人は空、雲の上に還り、そこから下の世界を見て、次の人生のストーリ

ーを考えるのかもしれません。

ときどき自分の子どもたちを見ながら、この子たちは「空の上」から私をお母さんに選んでやってきてくれたんだなと思い、心の中があたたかいもので満たされたような気持ちになることがあります。私自身も、なかなか思うように仲良くできない自分と母親との関係を考えて、なにを学ぶために「この母」「この両親」のもとに生まれたのかなと考えることがあります。

親の毒に苦しんでいたころは、どうあっても自分が選んでこの親のもとに生まれたなんて信じることはできませんでした。でも、自分で子どもを産み育てていくなかで、「全部、自分で決めて生まれてきた」ということをだんだん信じられるようになった私がいます。

「お母さん大好き」って言うために生まれてくる⁉

いま、あなたはどんな家族とどんな毎日を送っていますか？　なぜ、こんな親のもとに生まれたんだろう？　なんで毎日こんなにつらいんだろう？　なんで自分には嫌なことばかり起こるんだろう？　と思っていますか。そんな自分が、この親を選び、この人生を選んで生まれてきたなんて信じられないと思われるかもしれません。

それでも「この人生は自分で親も環境も人生のストーリーも、あらかじめ全部決めて生まれてきた」ということを心の片隅に置いておくと、人生の景色が違って見えるかもしれません。

なにが起きても、この人生はあらかじめ自分で決めて生まれてきたのだから、この人生の主人公は自分である。どんなことも主人公である自分の成長に必要だから起こっている。そういうふうに少しでも考えることができたなら、つらい出来事も、いままでとは違った見方・感じ方でとらえられるのではないか、そう私は思うのです。

池川明先生による「しあわせな　いのちを育む学校」という講義に月一度、半年間通ったことがあります。そこで「子どもはお母さんを幸せにしたくて、お母さんを笑顔にしたくて生まれてくる」ということを学びました。

もともと光り輝いた「たましい」として生まれてくる子どもたち。この光を曇らせるのが親からの「ひどい言葉」だったりするのです。子どもに対して「バカな子」「ダメな子」「できない子」「産むんじゃなかった」といった毒のある言葉を投げつけていると、子どもの「たましい」はその輝きを曇らせていってしまいます。

子どもは、「お母さんの思い」を受けて育ちます。だからこそ、母親が子どもをどう思うかで、子どもがどんな子になるかが決まるのです。私自身、子どものころに親から言われた「グズ」「のろま」「バカ」「生気がない」「かわいげがない」という言葉の呪縛にかなり長い間苦しんだから、よくわかります。

母親に言われれば言われるほど、「私はそんな子なんだ」と信じて、そういう子にどんどんなっていってしまうのです。

ただ、池川先生のお話によると、「一度曇ったたましいを再度輝かせることも、人生の大きな目的のひとつ」なのだそうです。だから、一度は曇らせる必要があるとのこと。それは、人生には「思いどおりにいかない」こともいっぱいあると学ぶためだそうです。

だから、たとえ子どもにひどい言葉を言ってしまったということがあったとしても、大丈夫です。「ごめん」って取り消すことはいくらでも、いつからでもできます。親がちゃんと子どもに謝れば、子どもには即伝わります。

池川先生は、なによりも子育てで大事なことは〈お母さんがハッピーでいること！〉だとおっしゃいます。「お母さん大好き！」という子どもの気持ちをちゃんと受け取って、お母さんが楽しそうで輝いて生きていたら、その愛は必ず伝わります。それによって子どもは安心して「たましい」を輝かせながら生きられるのです。お母さんが幸せでいることが、子育てではもっとも重要なことなのです。

子どもと共に親も育てられている

池川先生のお話から考えると、子どもを思いどおりにしようとすることは、子どもが生まれてくるときに本人が決めた人生のシナリオに沿って生きることを、親が邪魔することになります。

子どもは神様からの大切な預かりものだと私は思っています。神様からお預かりしている大切な「命」なのです。その命を輝かせるお手伝いが親の役目であり、その輝く瞬間を見られるのが子育てのご褒美なのではないかと思うのです。

子ども自身が持って生まれてきたものを草花の種にたとえるなら、親はその種をよく見て、その種に合った土はなにか、栄養はなにかを考え、水をやり、太陽の光を当てて大事に育てる役目があるのだと思います。

ところが親が勝手に、本当は野に咲くタンポポの種を持って生まれた子を「この子は温室でバラの花として育てよう」としたり、サボテンとして生まれてきた子に「そんなトゲのある子は、私の子じゃない。産んだ覚えがない。トゲを抜きなさい」と言ったりしたら、子どもは本来の花を咲かせ、実を結ぶことができなくなります。

「この子をこういう子に育てたい」「思いどおりに育ってほしい」と強い思いを持つことは、タンポポにバラとして生きろというようなものです。だから、子育てが大変になって親子で苦しくなるのです。子どもには持って生まれてきた種を咲かせる目的があるのに、親が思いどおりにコントロールしようとするから混乱するのです。

親の言うことを聞いているうちに、自分は本当はタンポポだったのか、それともバラの出来そこないなのかと悩むようになり、そのうち本当の自分の姿、「自分」がわからなくなってしまうのです。

子ども自身をよく見て、その子が本来の花を咲かせ、実を結ぶことができるようにあたたかく見守り世話をすることが親の仕事なのです。

子育ては「子どもを育てること」ですが、子育てしていて強く感じることは、子どもを育てるということは親である自分も育ててくれるということです。「育児」とは「育自」なのです。

ところが「育児」は「育自」であることがわからずに子育てをするから、おかしなことになるのだと思います。親は子どもを育てるもの、子どもは親の所有物、子どもを親の思いどおりに育てたい、そう思うから子どもの人生に毒を植え付けて生きづらくしてしまうのです。

「子どものために、私はこんなにがんばって時間やお金を使って育ててやっている！」ではなくて、本当は子どもを育てさせてもらいながらたくさんのことを学び、たくさんの宝のような時間を親がもらっているのです。

子育ては本当に大変です。自分の思いどおりにはならないし、精神的にも肉体的にも試されることばかり。悩みや心配も尽きません。でもある日、ふと親である自分が大きく成長していることに気づけるときが来ます。

子育てを通して学べることは、とてもたくさんあります。子どもの姿を通して、幼いころの自分を思い出し、当時の親の気持ちがわかるようになったり、傷ついて心の奥にしまわれていた子どもの自分が癒されたり、本当の自分に気づかされたりすることも……。

親は子どもを育てるもの、子どもは親に育てられるもの、と思うから、思いどおりに育てようとしたくなるのです。だから、子どもが思いどおりにならないとイライラするのです。

この「親は子どもを育てるもの、子どもは親に育てられるもの」という思い込みを捨て、子どもからなにを学べるかという気持ちで子どもと接してみると、子育ての景色がまったく違って見えてきます。

子どもといっしょに喜んだり悲しんだり、ときには怒ったりと自分の感情も動かし、味わいながら、子どもと共に生きている間に、子どもだけでなく、親である自分も少しずつ成長させてもらっていることに気づかされます。それが、子どもも自分も共に人間として大きく育つうえで大切なことなのではないでしょうか。

「親は親、子どもは子ども」という線引きが大切

「子どものために」と思っているうちに、親は子どもの人生を自分の人生のように思い込みがちです。しかし、子どもの人生は親のものではなく、子どものものなのです。あなたが親なら、あなたの人生は子どものものではなく、あなたのものなのです。

子どもが赤ちゃんのころは、おっぱいをあげたり、おむつを替えたり、抱っこしたり、添い寝したり……。母親は自分のために寝る時間すらとれないような大変な日々。少し子どもが大きくなると、今度はいたずらしたり、冷や冷やさせられたりで、目を離すこともできません。それこそ、トイレに一人でゆっくり入ることさえできない時期が続きます。

自分の時間が持てず、なんだかこんな日々が永遠に続くようで気が遠くなりそうなことも。この時期は、もしかしたら「親の人生が子どものもの」になってしまっているのかもしれません。

それでも、子どもが大きくなってきたら、親の人生をだんだんと「親のもの」に戻していかなければいけないと思います。「子どものために、自分の人生をささげてしまう」のは、親にとっても子どもにとってもいいこととは言えません。

親がそのまま子どもの人生にのめりこんでしまい、自分の人生を生きることを忘れてしまう。それは、子どもが子ども自身の人生を生きることを大きく邪魔することになります。

子どもの生活や勉強、習い事に熱心になりすぎて過度に干渉してしまうと、子どもの人生を横取りして、親の敷いたレールの上を無理やり子どもに歩かせようとすることになってしまいます。子どもの成長に合わせて、子どもが自らやろうとすることを見守り、応援し、サポートするのが親の役目だということを忘れてはいけません。

小学校高学年になったお子さんが不登校になっていると相談に来られたCさんは、子どものことに熱心になりすぎて、そのことが子どもを追いつめていることに気づいていないようでした。

「英語を習いたい」と英語教室に通い出したお子さんへの期待心もあって、「始めたからには、できるだけがんばりなさい」と、両親揃って追い立てるように教室に行かせていたそうです。

結局、無理やり子どもを行かせよう、やらせよう、続けさせよう、がんばらせようとしているうちに、気づいたら英語教室どころか学校にも通えなくなっていました。

それ以前も親が望む習い事をいろいろとやらせていたようですが、いつも途中で辞めてしまっていたようです。今度は自分からやりたいと始めたことなのだから「休むなんてダメ」、まして「辞めるなんて許さない」という気持ちが強くなり、子どもを追い詰めてしまっていたのです。

話していくうちに、Cさんは、子どもの習い事が続かないことにイライラしていたのは、じつは「自分の母親に、子どもに習い事をがんばらせることもできないダメな親だと思われたくない」という気持ちが自分の心の奥にあるからだと気づかれました。

「英語を習いたい」「水泳を習って泳げるようになりたい」などという意欲は、子ども自身が持つものです。それなのに、「始めたからにはできるだけがんばらないとダメ」「休むなんていけない」「ちゃんと続けないと上達しない」と、親が入り込みすぎるのは危険です。子どものやりたいこと、意欲を持つことにまったく無関心な親も問題があると思いますが、入り込みすぎてはいけません。

大切なのは、「親は親、子どもは子ども」という線引きがきちんとできていることです。

人生を主体的に生きるには

子どもが何かをやりたくないと言いだしたら、「今日は休みたいんだね」「いまはやりたくないいんだね」「学校に行きたくないいんだね」と、まずは子どもの思いに寄り添い、気持ちを受け止めます。

それは、子どもの言うなりになることとは違います。「学校に行きたくない」という気持ちをいったん受け取って、「あなたはいま、学校に行きたくない気持ちなんだね」と、その気持ちがわかったことを伝えます。そのうえで、これからどうするか、冷静に判断していくことが大切です。

ところが、「子どもは子ども」「親は親」という線引きができていなかったり、子どもの人生と自分の人生がごっちゃになっていたりすると、そこで冷静な判断ができなくなります。子どもが学校に行かないことイコール自分は子どもをちゃんと学校へ行かせることができないダメな親となってしまうのです。

あなたが親だとしたら、子どもの評価が自分の評価になってしまうようで不安になることはありませんか？　先にお話ししたように「自分の子育てを、親になんて言われるか」と気になったり、世間の目が気になったりすると、子育てはどんどん苦しくなってきます。

自分の人生は自分のものです。親のものでも、子どものものでもありません。自分が親であったとしても、子どもの立場であったとしても、「自分の人生を自分で生きる」「やりたいことをやる」「自分の人生の選択は自分で責任をとる」ことが人生を主体的に生きることなのです。

高校生の男の子を持つシングルマザーのKさんは、自分のやりたいことは全部我慢して、お子さんのために生きてきたとおっしゃっていました。それなのに、最近は毎日不機嫌でまともに口もきいてくれないし、朝も起きなくなり、だんだん学校へも行かれなくなってしまった。こんなにあの子のためにやってきたのに、なんでこんなことになったのかわからないと、相談に来られたのです。

Kさんのお話を聞いてわかったことは、すでに高校生になっているお子さんに対して、小さいころと同じように世話を焼きすぎ、心配しすぎていることです。それで、お子さんが息苦しくなっているのだと思いました。KさんがKさん自身の人生ではなく、自分のお子さんの人生の上を歩いているようでした。

なんでもかんでもやってあげることが親の愛情ではありません。親が手や口を出しすぎると、子どもは自分の頭で考えて行動することができなくなってしまいます。これでは、子どもが持って生まれてきた力を発揮することができず、子ども自身の人生を歩けません。親子がともに、それぞれの「自分の道」を歩けなくなっている状態ともいえるでしょう。

同じように高校生の男の子をお持ちのSさんが、お子さんのことで相談に来られたことがあります。Sさんもやはり、これまでの子育ては子ども最優先で、どちらかというとあれこれ口を出し、干渉しすぎになっていたようです。

高校に無事に入学できたのはよかったものの、夏休みが明けてすぐのころクラスで起きたちょっとしたトラブルが引き金となって、学校に通えなくなってしまいました。

どうやら、高校を選ぶときに本人が希望していたところがあったはずなのに、父親が強く望んだ学校を受けて入学しました。そのことに内心、不満を抱えながら登校していたことも関係しているようでした。

子どもに密着し世話を焼きすぎると、子どもが自分で考え、自律的に行動する力を奪ってしまいます。そのため、心がすぐくじけてしまう、ひとつ失敗しただけなのに、なかなか立ち直れない子になってしまいます。

ある日Sさんから、その後の報告のメールが届きました。

「長男は、あれからときどき学校に行ったり行かれなかったりしていましたが、最終的に高校を辞めることになりました。辞めてどうするかはまだ決まっていませんが、辞めると決めてから笑顔が戻ってきました。親に合わせてがんばりすぎていたんだな、苦しかったんだろうなと思いました。子どもに対して申し訳ない気持ちでいます」

ご夫婦でもお子さんのことをいろいろと話し合われたということです。いまではお子さんはやりたいことを見つけて、そちらの道に進むべく努力しているそうです。

Sさん自身は、お子さんにかかりっきりだった生活を止め、自分は自分の楽しみを大事にしてお友達と出かけたり、習い事を始めたりと充実した毎日を過ごしていると、その様子を伝えてくれました。

先に紹介したシングルマザーのKさんも、最近やっと自分を殺して子どもに合わせるという生活から抜け出し始め、子どもには子どもの、親には親の人生があると思えるようになってきたと報告をくださいました。

●子育て四訓

余談ですが、子どもたちが幼いころに子育て教室で教わった【子育て四訓】があります。

①乳児はしっかり肌を離すな
②幼児は肌を離せ、手を離すな
③少年は手を離せ、目を離すな
④青年は目を離せ、心を離すな
（平成13年『日本時事評論』元旦号で紹介されたもの）

子どもの成長に合わせて、離したほうがいいことと離してはいけないことがあるのだと思います。

人生の選択に自分で責任をとる

30代のRさんは、自分の人生ではなく、人の言いなりの人生を歩んでいるような方でした。結婚しようと言ってくれる男性がいるけれど、占い師に相談したら止めたほうがいいと言われたから、やはり結婚しないほうがいいのだろうか？　実家の親には、早く結婚しろと言われるから、この人と結婚しないとダメだろうか？　他にもっと良い人は現れるのだろうか？　と迷っています。

「あなたの気持ちはどうなんですか？」と聞いた私の問いに、彼女から返ってきた答えには驚きました。「どうしたいかわかりません。決めてください」

相手の男性に対しても失礼な話だと思いますが、結婚するかどうか、この人でいいかどうか、それを自分で決められないから決めてくださいと！

よくよくお話を聞いてみたら、彼女は子どものころから両親の言うとおりに生きてきた「親にとってのいい子」だったようです。高校も大学も親の決めたところへ、職業も親が決めた資格を取って……。20代に親が決めた相手との縁談がうまくいかなく

3
章

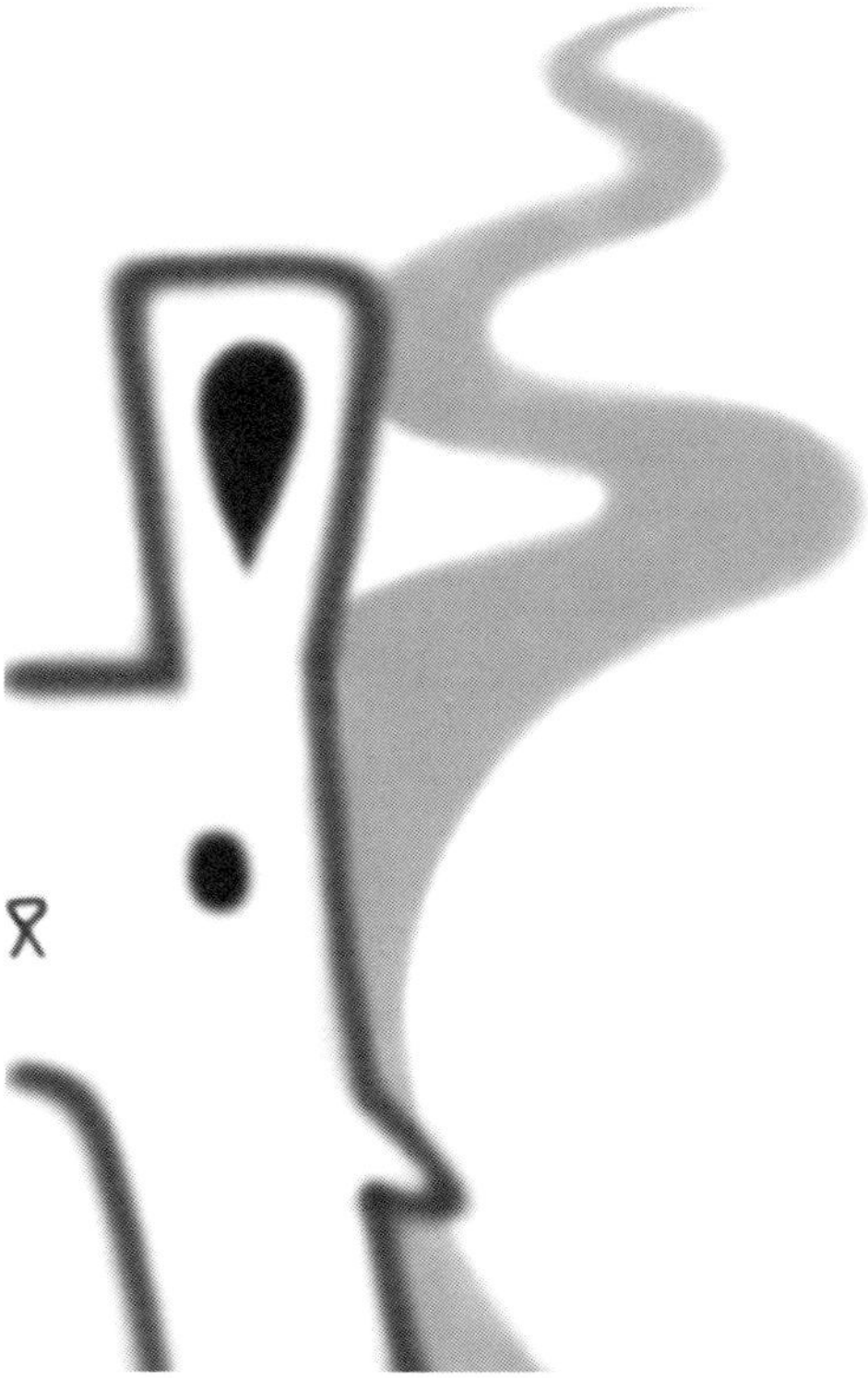

なってからは、親から「早く結婚して家を出ろ」しか言われなくなり、いろいろなことを決めるのに占いを頼るようになったそうです。

「自分はどうしたいか、自分の気持ちはどうかなんて、考えずに生きてきた気がします」とおっしゃっていました。

何度も言いますが、自分の人生は自分のものです。自分の人生を自分で生きる、やりたいことをやる、自分の人生の選択に自分で責任をとる、自分で決めて主体的に生きることが大切なのです。

親が、先生が、占い師が〇〇って言うから、みんながこうしたほうがいいって言うから、新聞に書いてあったから、テレビで言っていたから……それらを参考にするのはいいけれど、何も考えずに鵜呑みにして物事を決めないことが大事です。自分はどうしたいのか、自分の気持ちはどうなのか、自分で決めることが大事です。

常に人の考え、意見に合わせて生きていると、何かあったときに人のせいにしてしまいます。あのとき、親に言われたから〇〇したのに上手くいかなかった。上手くいかなかったのは親のせいだなどと、いい大人になっても親のせいにして逃げるような人生を歩んでしまいがちです。

自分の人生の選択に自分で責任をとらない生き方は、自分の人生を歩いているとは言えません。

この毎日は、誰の人生でしょうか？

たとえ親が「子どもの人生に毒を植え付ける親」だったとしても、すべて上手くいかないことをその親のせいにしたままでは、いつまでも過去にしがみつき、怒りや憎しみに心を奪われて生きることになりかねません。

「親は親、自分は自分」と分けることができれば、その苦しみから抜け出す方向へ一歩踏み出し未来に向かって生きることができるはずです。どちらの生き方を選ぶこともできるのです。

人生を自分のものとして生きることができたなら、その姿を見て、子どもも子ども自身の人生を歩むことができるようになるでしょう。

4章

親になったら「楽しい子育て」がいい！

#「正しい子育て」より「楽しい子育て」がいい

長男を産んだとき、私がとても戸惑ったことのひとつが、みんなそれぞれの「正しさ」であれこれアドバイスをしてくれること、でした。

たとえば、抱っこひもで外に出れば「抱っこなんて危ない。転んだらどうするの！おんぶのほうがいいわよ」と言われました。そうかと思っておんぶをしていると、今度は別の人が「おんぶなんて後ろの赤ちゃんの様子が見えなくて危ないから、抱っこにしたほうがいいわよ」と。

布おむつを干していると「いまどきはいい紙おむつがいっぱいあるんだから、布おむつより紙にしたほうがいいわよ」と言われました。ところが紙おむつをつけて出かけていると、別の人に「いまどきのママは、こうやって手を抜くからダメなのよね」と言われてしまう。

母乳が、ミルクが……と、なにをしてもしなくても、それぞれ「正しい」と信じているものを押し付けてくるのです。どうしたら、誰も文句を言わない「正しい」子育てができるのかと、ノイローゼになりそうでした。

世の中にはいろいろな「子育て論」があふれています。「褒める子育て」「褒めない子育て」「怒らない育児」「子どもの上手な叱り方」などなど。育児書の棚を眺めると、まったく正反対の子育て論の本が並んでいます。ある本には「子どもはもっと甘えさせて愛情を伝える子育てがいい」と書いてあります。別の本には「子どもには厳しくしつけ、甘やかしすぎはよくない」と書かれています。

じつは、世に言う「正しい子育て」なんてないのだと思います。子育てに「正解」を求めると苦しくなります。誰にでもうまくいく「子育ての方法」、誰にでも当てはまる「子育ての正解」があるわけじゃないのです。

私が生まれたころ（昭和40年代）は、「抱き癖がつくから赤ちゃんを抱っこしすぎないほうがいい」という子育てが主流で、正しい育児とされていたようです。もとは、アメリカの小児科医ベンジャミン・スポック博士が１９４６年に出版した『スポック博士の育児書』から広まった子育ての考えのようです。

この本は当時「育児の聖書」と言われ、世界各国で翻訳出版され、日本ではちょうど私が生まれる前の年（昭和41年）に、暮らしの手帖社より出版されています。この本の内容は当時の母子手帳にも取り入れられ、育児の専門家が推奨する子育ての指針となっていたそうです。

「抱き癖がつくので泣いても抱っこしてはいけない」「添い寝はダメ」「赤ちゃんが欲しがっても決められた時間までは授乳はダメ」「母乳よりもミルクを」などという育児方法を「正しい」と信じて子育てしていたのが、私の親世代ということになります。

いまとはまったく逆の子育て論だと思いませんか？

長男を産んだときに、私がなぜあれほどまわりの人のいろいろなアドバイスに戸惑ったのか、いまならその理由がわかります。それは、子ども時代に「親の気持ち」優先で生きていたため、親になっても「自分はどうしたいのか」という軸がないまま子育てをしていたからです。

親の毒に侵されると「自分」がなくなってしまい、親やまわりの人の顔色をうかがいながら物事を判断するようになります。自分が親になっても、まわりに文句を言われないための子育ての正解を求めていたのです。

でも、誰にでも当てはまる「正しい子育て」なんてないのです。

わが家の長男は、本人の気が済むまでひたすらずっと抱っこしていないと、降ろした瞬間に大泣きして大変でした。ところが長女は逆で、あまり抱っこしていると「もうそろそろ降ろしてほしい」と訴えるような赤ちゃんでした。同じ親から生まれても、同じ育て方なんて通用しないのです。

母乳に関しても、長男は私の出の悪いおっぱいを一生懸命に飲んでくれる赤ちゃんでしたが、長女は違いました。産院で出産して生後3日目くらいから「出の悪いおっぱいなんて飲みたくない！」とばかりに、授乳の時間になると「いや、いや」と小さな手で私のおっぱいを押しやって飲むのを拒否しました（苦笑）。しかたなく看護師さんがミルクを用意してくれるまで、ひたすら寝たふり（!?）をして待っているような子でした。

笑いながら看護師さんに「この子、私の出の悪いおっぱいがどうやら嫌みたいで、いやいやしてます～！」と言ったら、看護師さんがひどく真面目な顔で「お母さん、そんなことはないです！　気のせいですから。大丈夫、赤ちゃんは嫌がったりしないので悩まないでくださいね」と、とても心配されてしまいました。

あのときの私は別に悩んでなんかいなくて、「この子は、まだ生まれたばかりなのにちゃんと自分の気持ちがわかっていて、『いや』が表現できるなんてすごいなあ」と感心していただけなのですが（笑）。

正しい子育てをしようとすると、親も子も苦しくなります。それよりも楽しい子育てがオススメです。

「楽しい」って、どんな子育てだと思いますか？　結論から言うと「子育てしない」こと、子どもを親の思うとおりに育てようとしないこと、です。

「この子を自分の思いどおりにしよう」とするから子育ては大変なものになるのです。子どもをコントロールすることに力が入りすぎると、子どものためと思って一生懸命に育てようとする行為が、子どもの人生に毒を植え付けてしまいかねないことは前の章でお話ししたとおりです。

無理に親の願う「枠」に子どもをはめ込んで、親の「正しさ」のなかで育てようとしないことが、親も子も楽にする子育てではないでしょうか。

子どもはみんな「自分で自分の人生のシナリオ」を描いて生まれてきています。親と子は、まったく違うシナリオを持って生きているのです。だからこそ、子どもがどんな芽を出すのか、どんな花を咲かせるのか、親の自分が知らないどんな世界を見せてくれるのか、いちばん身近な一等席で拍手喝采を送ったり、応援したりしながら楽しむ。それこそが親になった最高の特権なのだと思います。「楽しい子育て」とは、そういうことです。

毎日、手作りのご飯、手作りのおやつを手間暇かけて作っていても、しかめっ面でやっていると、子どもは「お母さんが不機嫌」だと敏感に感じて、自分のせいでお母さんは不機嫌になっていると思ってしまいます。

それぐらいなら、ときにはインスタントの食品や出来合いのお惣菜、買ってきたおやつでもいいから、お母さんの気持ちに余裕があって楽しそうにしていてくれるほうが、よっぽど子どもの心には栄養になります。

もちろん、連日インスタント、連日出来合いのもので、笑顔も会話もないのは論外ですが。

なによりもまずは、お母さんが自分自身の機嫌を大切にすることです。それが、本当のところ子育てを楽しくするいちばんのコツです。お母さん自身の人生を楽しくしていると、それは子どもに伝わっていきます。

〝この瞬間だけ〟見て子育てしない

小さい子がいて、やることてんこ盛り。ホントはちゃんと家事も育児も頑張りたいのに、旦那さんはそれほど家事、育児に協力してくれないし、子どもはキーキーワーワーわがまま言って私を困らせる。気づけば毎日毎日怒ってばかり、怒鳴ってばかりで自己嫌悪。寝不足だし、自由な時間はないし……いったいいつまでこの状態は続くの？

子どもが小さいときは、こんな日々が永遠に続くような気がします。

小さいお子さんが二人いるTさんが

「毎日イライラして怒鳴ってばかりで、まったく気持ちに余裕が持てない自分が嫌になっています」

と、久しぶりにカウンセリングを受けに来てくださいました。

とても真面目で何事にも一生懸命なTさんは、「子どものために」といろいろがんばりすぎて、思いどおりに物事が進まないことにイライラするという悪循環にはまってしまっている様子でした。

育児中のそのイライラだけでなく、気づいたら叱っているというより怒鳴ってばかりになっていることもちょくちょくだとか。たしかに、育児中は時間が足りない、まともに眠っていない、顔を洗う暇もない、自分の自由がない、気持ちに余裕が持てない……で、ないことばかりです。

「子どものためにと思って、いろいろと自分のことを後回しにしてがんばっているが、時間にも気持ちにも余裕がなくなり、子どもにイライラをぶつけてしまう。そんな自分自身が嫌になる」

そんなTさん自身は、子ども時代、親から虐待を受けて育っています。だからこそ、親と同じようなことはしたくないと思い、「子どものために、正しいちゃんとした育児がしたい」と目先のことにばかりがんばりすぎて、苦しくなってしまったのです。

〝いま、この瞬間〟だけを見て育児をする、また「子どものために」と教科書どおりの

4章

子育てをしていると、子どもの人生に親の毒を植え付けてしまいやすいのです。子育ては、長い目で子どもを見ることがとても大切です。

目先のことや「正しい」にとらわれすぎると、子どもを否定的に叱ってしまいやすくなります。そうしていると、子どもは自分に自信が持てなくなります。また、いつも不機嫌そうな母親の姿を見ていると、自分が悪い子だからお母さんは不機嫌なんだと、罪悪感を持つようになります。

その結果、自己肯定感を持てなくなり、「どうせ自分は何をやってもダメなんだ」と思い込むようになってしまうのです。

子どもがその子らしくのびのびと自分の人生を楽しめるように育つには、親が〝この瞬間だけ〟見て子育てしないことです。これからどんどん成長していくその子の成長した姿を想像しながら育てることです。目の前のことだけ見て子どもを思いどおりにしようとしないで、「その子自身の伸びる力をただただ信じて見守る」ことです。「そのままのわが子を認め、応援する」親でいることです。

そんなふうにしていると、親であるあなたとは「違う人間」であり、「違う道を歩く」わが子をいちばん近くでおもしろく応援することができるようになると思います。

そうして子どもの人生を見守り応援することを楽しむことができたなら、親であるあなたの人生の景色もおもしろいほど広がってくることに気づくでしょう。

子どもとの生活を楽しむ

長男が1歳でよちよち歩き始めたばかりのころのことです。部屋でおとなしく遊んでいた背中に「ママ、洗濯物を干してくるから1人でお利口に遊んでてね」と声をかけ、ベランダに出ました。しばらく物干しに集中しているうちに、子どもの気配があまりに静かなことに気づき、不安になりました。

部屋を覗いたら、トイレのドアが開いていて、なぜか廊下がびしょ濡れになっています。近づいてよく見ると、長男が片手にマグカップを持って便器の中の水を汲みだしては廊下に捨てていたのです。このときは本当にびっくりしたし、怒ったけれど、だんだんおかしくなってきて笑ってしまいました。

「なんでそんなことしたの？」って聞いてみても、子どもには理由なんかないんですよね。ただやってみたかったから。それだけ（笑）。

私が久しぶりに時間をかけてピカピカに磨き上げた鏡に、こっそり鼻くそを一列にきれいに並べてくっつけてくれたのは、長男が4歳のころだったはず。毎朝コーヒーに砂糖を入れて飲む親の行動をよく見ていたのでしょう、砂糖と塩を入れ替えるいたずらをしてくれて、まんまと私がひっかかったことも何度か。砂糖だと思い込んでコーヒーを入れて主人に出してしまい、その塩入コーヒーを飲んだ主人が驚いてコーヒーを吹き出したことも。

自分の子ども時代をちょっと思い出してみてください。あなたは、いたずらする子でしたか？　好奇心いっぱいの子ども時代を過ごしましたか？　それに対して、あなたの両親の対応はどうでしたか？

子どもは大人を困らせるためにいたずらをしているわけではなくて、まだこの世の中に生まれて来たばかりで、見るもの聞くもの触れるものすべてが新鮮で興味津々だから、あれこれ試しているのです。

もちろん危ないことは止めなければいけないし、事前にいたずら対策を考えることも大切です。ときには、叱ることも必要だと思います。でも、子どものいたずらをす

べていけないこととして頭ごなしに怒って止めさせることは、子どもの知的好奇心の芽を摘むことになるかもしれません。

もっと問題なのは、そうしたことにイライラして親が叱りつけたことが、子どもの人生に毒を植え付けることになるかもしれないことです。

子どもの行動を「大人を困らせるためのもの」と見るのではなく、世の中のいろいろなことに「これはなんだろう?」「これをするとどうなるのだろう?」と興味津々だから、こうしていろいろと探索することで脳も育っているのだという視点で見ることです。それだけでも、子どものいたずらに対するイライラが減ると思いませんか。

子ども時代に禁止されてばかりで育つと、好奇心が育たず消極的な大人になってしまいます。あるいは、小さいころに禁止されすぎた反動で、ある程度自由が利く年齢になると、今度はただのいたずらや困った行動どころでは済まないことをすることだってあります。

もちろん、子どもの「育つ力」を尊重することと、世の中のルールを教える「しつけ」との境目は難しいものです。「しつけ」が厳しすぎて無気力になってもいけないし、かといって子どもの自由を尊重しすぎて、やりたい放題でまわりの迷惑がわからないのも困ります。

だからこそ、大切なのは目の前にいるわが子をよく見ることです。また、自分の子ども時代を思い出しながら「こういうとき、子どもの自分はどうだったかな？　なにを考えていただろう？」と、ときには当時の自分を子どもに重ねながら育てることです。

「しつけ」がなってないと思われたくない、まわりに迷惑かけないようにちゃんと育てたい……そうしてきちんと育てようとすればするほど、育児は大変なものになり、とても子どもといっしょの生活を楽しむどころではなくなります。

どんな人でも、人に迷惑をかけずに生きていくことなんてできないのです。ですから、まわりの人に迷惑をかけない子に育てようと必死になるより、まわりの人に愛され助けられる子に育てたほうがいいと思います。

それには、まず親が子どもに愛をわかりやすく伝えることです。

「子どもが１人増えるごとに母の愛が増える」と教えてくれたのは、学生時代からの友人であるNちゃんのお母さんです。２人目を妊娠中に「子どもが１人で母の愛が１００なら、２人目が生まれると、その１００が半分ずつの50、50になるんじゃないよ。

１００が２つの２００の愛を持てるようになる。３人生んだら１００が３つで３００もの愛があるお母さんになれるんだよ」と言っていました。

そのときの私は、いまは長男に１００の愛を注いでいるけれど、２人目を産んだらその愛が半分ずつになってしまうのではないかと不安でいっぱいでした。長男１人に１００の愛をかけていても大変なのに、50、50の愛しかかけられないとしたら子どもを幸せに育てることができるのだろうか、と。

以前からNちゃんのお母さんのことを「愛情たっぷりな子育てをするお母さん」だと思っていた私は、この１００の愛が増えるという考え方に感動しました。そして、２人目の子を産むことが楽しみになりました。

私の「愛」が増える。子どもによって「愛の器」が大きくなる。そう思って子育てするのと、子どもが増えるたびに自分の愛が子どもたちに奪われると思って子育てするのでは、子どもとの生活を楽しむ心の余裕がまるで違ってくると思います。

子どもがいるからできないこともあるけれど、子どもがいるからこそできることもたくさんあります。

長男を生まれてはじめて公園に連れて行き、何十年ぶりにいっしょにブランコに乗ったとき、幼いころブランコが大好きで何時間でもブランコを漕いでいたことを思い出しました。久しぶりの滑り台も砂場の泥んこ遊びも、夢中になって遊んだ子ども時代の自分にふたたび出会えたことは感動でした。

私自身が小学校の低学年のころ、なにがきっかけだったのかは忘れてしまいましたが、珍しく母に反抗して「お母さんだって、子ども時代があったはずなのに、なんで子どもの気持ちがわからないの！」と怒りをぶつけたことがありました。

その私に対して、母は真面目な顔をして「お母さんは生まれたときから大人だったから、子どもの気持ちなんてわかるわけないじゃない」と言い返された日のことをいまでも覚えています。

大人になったいまの私から考えると、「うちの母もスゴイ冗談を言うものだな」と笑えますが、当時の私にはあまりにショックで、「こんな大人に私は絶対ならない！　子どものころの気持ちを忘れた大人になんかなりたくない！」と怒りに震えながら幼い心の中で叫んでいました。

そんなことも、子どもと生活するなかで思い出しました。いつの間にか「卒業」したと思っていた幼いころの自分が、子育てをしているうちに心の奥深くから顔を出し、「卒業」したわけではなく、ただ奥の方にしまわれていただけだったんだと気づかされました。

子どもといっしょに生活するということは、自分の中に眠らせている「自分自身」を引っ張り出してもらえる、ということなのかもしれません。

だからこそ、子どもとの生活を楽しんでほしいのです。仕事や家事、やらなくてはいけないことはいくらでもあるのはわかります。しかし、「子どもと楽しむ時間」は、もっと大切なものなのだと思います。

子どもは確実に成長して、いつかは手を離れ、自分の人生を歩いていくようになります。だからこそ、「いま」限定の子どもとの生活を楽しむことができたなら、それは親にとっても子どもにとっても、とても幸せな宝の時間となるはずです。

それだけではありません。子どもと過ごす時間は「あなた自身のため」にも大事なことかもしれません。子どもがいるからこそ、あなたの人生を生きづらいものにしていた親の毒に気づき、そこからあなたを解放するチャンスを与えられていると考えることもできるのです。

自分自身がおもしろく生きる

子どもが自分の人生を活き活きと、おもしろく生きるように応援するには、なにより親自身が自分の人生を活き活きと、おもしろく生きていることが必要です。

〈おもしろき　こともなき世を（に）おもしろく　すみなすものは心なりけり〉

上の句〈おもしろき　こともなき世を（に）おもしろく〉は、幕末の志士である高杉晋作の辞世の句です。意味は「おもしろくもない世の中に対して、おもしろく生きようということだと思います。

この句には幕末の女流歌人・野村望東尼が詠んだ下の句〈すみなすものは心なりけり〉が続いています。これは、「おもしろいか、おもしろくないかを感じるのは自分の心の持ち方しだい」という意味になります。まさに人生をおもしろく生きるのも、つまらなくしてしまうのも自分の心の持ち方しだいなのだと思います。

ただなんとなく毎日を生きる。まして毎日をつまらない、楽しくないと思いながら日々を過ごすのは、せっかくこの世に生まれてきたのにとてももったいないことです。

「おもしろい、おもしろくない」「楽しい、楽しくない」の理由を自分の外側に求めないことです。自分の内側にある心の持ちようで決まるのです。自分がなにを選択して生きるかで、この世はおもしろくもつまらなくもなるのです。

雨が降ったときに「また雨か……」と気分を滅入らせるのか、「雨の日をどう楽しく過ごそう」とワクワク考えるのか、どちらを選ぶかで憂鬱になることも楽しむこともできます。

目の前に起きている出来事に自分がどう反応するか、どんな感情を選んで反応しているかで、人生はおもしろくもつまらなくもなるのです。

人生の主体は自分である。そう心に決めると、人生をおもしろく生きられるようになります。どこかの誰か、なにかの出来事にいちいち振り回されなくなります。大事なことは、「自分の感情は自分で選べる」ということなのです。

おもしろく生きよう、楽しく生きよう、幸せに生きようと自分が選択すればいいだけなのです。外側に起きる出来事や他人は関係ありません。「おもしろい」「楽しい」「幸せ」の感情を選ぶのはあなただからです。

よくあるたとえ話ですが、コップに水が半分入っているのを見て「もう半分しかない」と思うのか「まだ半分もある」と思うのか、あなたはどちらですか。目の前の出来事は同じでも、自分がどう思うか、その積み重ねで人生は大きく変わってくるのです。

小さなことでも気がついてラッキーと思うか、こんなことたいしたことないと気づかず通り過ぎるか。その選択の積み重ねがあなたの人生です。

そう、人生をおもしろくできるのも、できないのも自分しだい。どちらを選択するのもあなたしだいなのです。

自分の人生をおもしろくするには、自分はなにをやりたいのか、なにをやりたくないのか、自分の心に正直に生きることです。

「正しい」にとらわれていると、自由におもしろく生きられません。「こうあるべき」「こうでなければならない」に縛られているのは、重い鎖を足につけて歩いているようなものです。それでは鎖が重くて自由に歩きまわることはできません。

その鎖の根っこは、子ども時代に生まれたものです。親に植え付けられた毒も関係しているでしょう。これまでの人生でトラウマになった出来事も関係しているかもしれません。

原因はなんにせよ、いま大切なのは、その鎖を外し、本当の自分の心の声を聞けるようになることです。そうすれば、おもしろい人生を生きられるようになります。自分らしく活き活きとした生き方ができるようになります。

親自身が自分らしく活き活きと「おもしろい人生」を歩んでいると、子どもの人生をコントロールする必要がなくなります。「親の人生は親のもの」「子どもの人生は子どものもの」と考えることができるようになります。それは、子どもの人生に毒を植え付けずに済むということでもあるのです。

おもしろい人生ってなに?

ここまで人生を活き活きと、おもしろく生きましょうとお話ししてきました。では、それって、どんな人生だと思いますか?　私は、自分らしく自分を活かしながら生きることだと思っています。

この原稿を書きながら中学生の長女に、「あなたのまわりで、活き活きとおもしろい人生を歩んでいるなと思う人っている？」と聞いてみました。彼女いわく、「お兄ちゃんがダントツにおもしろい人生を歩いている人かなあ。どう見ても楽しそうだし、好き勝手に好きな道を歩いているように見えるし、お兄ちゃんの生き方はおもしろそうだよ」

とのことでした。たしかに!!

小学校の後半から中学の半ばくらいまでは、学校という枠組みのなかでとても生きづらそうにしていた長男ですが、もともと好奇心旺盛でやりたいことを実現させるためにはとことん知恵を絞り、望みを叶えるパワーいっぱいの彼。中学の途中から好きな道を見つけて、その道に関する興味を起点にどんどん先に進んで行く彼の生き方は、親から見ても本当におもしろいです。

子どもが自分で持って生まれてきた〝種〟のままに芽を出し、すくすくと育つことができれば、こんなにも活き活きと大きく成長するんだなと、わが子を見ながらしみじみ思います。ここまで来るまでには親子で大変なことも、苦しくて傷つくこともたくさんありましたが、それもすべては大きく成長するうえでの必要な負荷だったのだと、いまは思っています。

長男が学校で苦しくなっていたとき、私がいちばん心掛けたのは子どもの自己肯定感が高くなるような言葉を伝えることでした。「あなたはあなたのままでいい」「いいところも悪いところも含めてそれがあなたであり、そのままのあなたですでに価値がある」と子ども自身が自分のことを認められるような言葉をかけるようにしました。そうすれば、子どもは自分で自分を愛することができるようになるはずだ、自信を持って自分らしく生きることができるようになるに違いないと信じていました。そのことは間違っていなかったと、いま、しみじみ思います。

これから彼が行こうとしている道は、心身ともにハードなことは確実で、メンタルもそれなりに鍛えられていないとなかなか困難な道。「ああ、だからここまで試練を乗り越えて自分を鍛えて来たんだね」と納得できます。そのことに気づいて間近で子どもの成長を味わえる。これこそ、子育ての本当のおもしろさなのだと感じています。

眉間にしわを寄せて「人間とはこうあるべき」なんて思いながら生まれてきた赤ちゃんはいないはずです。みんな「この世でなにを経験しようか。どんな体験ができるだろうか」とワクワクして、まるで遊園地に遊びに来るように生まれてきたのだと思うのです。メリーゴーランドや観覧車に乗りたくて生まれてくる「たましい」や、絶叫系の乗り物に乗りたくて生まれてくる「たましい」など、それぞれのお目当てがあるのかもしれない、と想像してみてください。

ジェットコースター目当てで生まれてきた子は、本当にジェットコースターのような波乱万丈な人生を歩むのかもしれません。そんな子どもが、親から「ジェットコースターなんて、危なすぎます。観覧車に乗りなさい」と言われ、強制的に観覧車に乗せられたら、本来の遊園地に来た目的を果たせず、人生はつまらないものになってしまうかもしれません。

あるいは、メリーゴーランドに乗りたくて遊園地にやってきた子どもが、「せっかく遊園地に来たのに絶叫系に乗らないなんてもったいなさすぎるよ」と言われ、本当は乗りたくないのに断って嫌われたらどうしようと我慢して、ジェットコースターに乗ったとしたらどうでしょうか。かえって具合が悪くなってしまうかもしれません。自分はなにをどう楽しむためにこの遊園地（この人生）に来たのかわからなくなって、つまらなくなるのは当然です。

人生という名の遊園地を楽しむために大切なことは、ここでなにをして遊びたいからやって来た（なにを経験したくて生まれて来た）のか、自分自身の心あるいは「たましい」の声をちゃんと聞くこと、自分の心に正直に遊ぶ（生きる）ことなのではないでしょうか。

子どもの人生をおもしろくするには、子どもの人生に毒を植え付けず、子どもの「命」を輝かせるサポートをすることです。つまり、この世でなにを経験しようかと、ワクワクして生まれてきた「たましい」が、どんな乗り物に乗ればいちばん楽しめるのか、おもしろく思うのか、ガイドブックの役をするのが親の役目なのだと思います。

自分で自分を好きになる

あなたは自分のことを愛していますか？「愛している」かどうかははっきりしなくても、自分で自分のことが大好きと言うことはできますか？

長男が小学校の低学年のころにＰＴＡ主催の教育学級に参加したことがあるのですが、そのとき講師の先生がおっしゃっていたことで、いまでもはっきり覚えていることがあります。それは

「たとえ親が自分の子育てに不安になったとしても、子どもに『自分のこと好き？』と聞いて、子どもが『自分のことが好き』と答えてくれれば大丈夫です。子どもが自分自身のことを好きだと思えている間は、子育てはうまくいっています」

という内容でした。

先にお話ししたように、〝自分は生きる価値がある、誰かに必要とされている、と自らの価値や存在意義を肯定できる感情〟つまり「いいところも悪いところも全部含めてそれが自分だし、そのままの自分で価値がある」と思えることが、自己肯定感です。この自己肯定感をしっかり持てていれば、「自分のことが好き」と言えるのだと思うのです。

これを親である自分自身に当てはめて考えてみてください。

私は私のままでいい

子育てだけでなく、恋愛でも結婚でも、その他人生のいろいろな場面においても「自分を愛する」ということはとても大事なことです。

では「自分で自分を愛する」とはどういうことでしょうか？　それは、自分自身をそのまま受け入れることです。自分のいいところはもちろん、悪いところ、弱いところ、情けないところ……それらすべてを含めたのが自分であり、その自分で良いと受け入れることです。

そうして自己肯定感をしっかりと持てると、自分を好きになり、自分を愛せるようになり、自分を大切にできるようになります。人は誰でも生きているだけで、そこに存在しているだけで素晴らしいのです。

「I love you, because you are you.（あなたはあなたのままでいい）」

これは、アメリカの心理学者カール・ロジャースの言葉です。この言葉を自分自身にも言ってあげてください。「私は私のままでいい」と。

いまの自分をそのまま丸ごと認めて愛することができれば、そのまま同じように人からも愛されるようになります。他人を愛することもできるようになります。すべては自分が自分自身をどう愛しているかで決まるのです。

そんなこと言われても、自分を丸ごとなんて愛せないし、自分が嫌いで仕方がない、とてもこんな自分を好きになれないと思われますか。

そもそも、その思いはどこから来ているのでしょうか。それこそが子どものころに親から植え付けられた毒にあることは、これまで何度もお話ししてきたことです。

2章で紹介した、自分に自信がなくて「どうせ私なんて……」が口癖のKさん。彼女は、カウンセリングの間も、何回もご自身を卑下する言葉を口にされていました。

その後もカウンセリングに来られてわかってきたことは、ご両親から否定的な言葉を浴びながら育った子ども時代のことでした。少しでも誰かに褒められて喜んでいると、途端に親から「調子に乗るんじゃない！」と怒られていたことに気づかれました。「自分で自分を愛するなんて自分勝手でわがままなことなのではないか。自分を大切にするなんて、調子に乗った行為なのではないか」と彼女は言います。また、「どうせこんな私を愛してくれる人になんて出会えない気がします。でも寂しいのです」とも。

自分を愛することと、自分勝手、わがままは、まったく違います。くり返しますが、自分を愛するとは「そのままの自分を認めて受け入れる」ことです。

たとえ「こんな自分は嫌い」と思っていても、「そっか、私はこんな自分が嫌いなんだな」と、その自分も受け入れることです。どんな自分であっても、それをいい、悪いと判断したり裁く必要はないのです。

それができていない人を見ていると、「私はとっても不味くて自分では食べる気がしないケーキなのですが、あなたに食べてほしいのです。あなたが食べてくれたら、私も、自分は少しはましなケーキなのかなと思えるようになる気がするんです」と言っているように聞こえます。

自分も食べたくないような不味いケーキを人に食べてもらおうとすることは、「自分では愛することのできない自分（不味いケーキ）」を「人に愛してもらうことで、愛を得たい（不味いケーキを食べてくれる人がいれば、自分を認められる）」と思っているようなものではないでしょうか。

たとえば、手作りのお菓子をあなたにプレゼントしてくれる友達から「これ、私が作ったお菓子。美味しいかどうかわからないし、不味かったら捨ててもいいし、もし食べたくなければ食べなくてもいいんだけど」と言って渡されるのと、「これ、私が作ったお菓子。あなたに食べてほしくて美味しく作ったから食べてみて」と渡されるのとでは、どちらが美味しそうですか？　どちらを食べたいですか？

味の好みなんて人によって違うのです。あなたが美味しいと感じたものをあの人も美味しいと感じるかどうかなんて、本当のところわかりません。だったら、私は美味しいと思うからプレゼントする、でいいと思いませんか？

食べるか食べないかは相手が決めればいいことだし、美味しいか美味しくないかも相手の問題です。

それと同じです。誰かがあなたのことを好きになるか、嫌いになるかは相手の問題であって、あなたにはどうすることもできません。でも、自分のことは自分でどうでもできるのです。「自分で自分を愛すること」「私は美味しいケーキです！」と自信を持つことは、自分の考えしだいなのです。

ショートケーキが、自分はモンブランじゃないことをぐちぐち嘆いていても仕方がないのです。ショートケーキが好きな人もいればモンブランが好きな人もいるし、どちらも好きな人、そもそもケーキが苦手な人……世の中にはいろんな人がいるのです。

そのままの自分を認めるとは、自分が「ショートケーキ」なのか「モンブラン」あるいは「お団子」なのか「大福」なのか知ることです。自分じゃないなにかと比べて「どうせ私なんて……」と思わないことです。

もしかしたら子どものころ、親に「ショートケーキじゃなくて大福になれ」と育てられたのかもしれないし、「ショートケーキなんて体に悪いから、違う食べ物になりなさい」と育てられたのかもしれません。でも、もうあなたは大人なのです。親の目（親の言葉）ではなく、自分の目で自分をしっかりと見つめて、自分自身をそのまま受け入れればいいのです。

自分のいいところはもちろん、悪いところ、弱いところ、情けないところ、それらすべてを含めたのが自分です。それで良しとするのです。きっと、自分を好きになり、自分を大切に思えるようになるはずです。

そうなれば、子育ても必ず変わってきます。わが子をありのまま認め、愛することができるようになるし、子どもの人生をおもしろくする親にもなれる、私はそう確信しています。

5章

もっと子どものことをおもしろがろう！

子どもはこんなにおもしろい

子どもっておもしろいなあって、思ったことはありますか?

私は自分が子どもを産むまで、子どもはとても苦手でした。

子どもはうるさくて汚くて大人に迷惑をかけると、ずっと思っていました。たぶん、中学か高校ぐらいのときから。


大人になってから「子ども大好き!」と言う同性の友達のことを見て、子ども好きアピールしてなにかいいことあるの? と思っちゃうようなイヤな奴でした。

そのころ職場のみんなで参加した花火大会のあと、お父さん(同じ職場の男性)といっしょに参加していた3歳の男の子が「ぼく、お姉ちゃんと手がつなぎたい」と私のところにやってきました。子どもは苦手なのにな……と、ちょっと困りながらも嬉しい自分がいることに気づきました。私が子どもが苦手だと知っているその男の子のお父さんに「子どもって自分のことを本当に好きな人は誰かわかっていたりするんだよね。口でいくら『可愛い、可愛い』と言ってても、それが本心じゃないとバレちゃうんだよね。逆に『子ども苦手』とか言いつつ子どもに好かれるってことは、ホントは子どもが好きなのかもよ」と言われました。「え？　まさか、私、本当は子ども好きなの？　うそだあ」と思いました。

それでも、家に帰ってからじっくり考えてみました。自分はなんで子どもが苦手なのか。どうして自分は子ども嫌いって思っているのか。それで出てきた答えが「お母さんが、子どもはうるさくて汚くて大人に迷惑をかけるといつも言っているから」というものでした。

母の考えに合わせたくて、子どもが嫌いな母に好かれたくて、自分も子どもは苦手だと思い込もうとしていたことに気がついたのです。

実際に子どもを持ってみると、たしかに「子どもは、うるさくて汚くて大人に迷惑をかける」こともたくさんあるけれど、子どもを見ているとおもしろくてまったく飽きないのです。そのうえ、私の心の奥に押さえつけてきた子どもらしさを取り戻して、わが子といっしょに楽しむことができたのです。こんなに幸せなことってあるでしょうか。

幼い子どもは好奇心のかたまりで、ティッシュペーパーを1枚1枚箱から引っ張り出して遊ぶいたずらをすると知ったときは、おもしろくてこんなことをしました。ティッシュボックスを1箱与えて、いったいどれくらい飽きずに箱からティッシュを出して遊ぶのか観察してみたのです。

当時読んだ育児書には「たいていの赤ちゃんは、1箱分全部引っ張り出したら飽きてもう引っ張り出すいたずらはしなくなります」と書いてありました。ところが、わが家の長男は2箱引っ張り出してもまだ飽きずにやろうとしました。

昼寝していた私のまわり中に箱から出したティッシュが散らばっていたこともあります。起きてびっくりして笑いが止まりませんでした。まるでティッシュの花びらの中で眠る白雪姫のようで、おかしくてたまりませんでした。

長女は、1箱与えたら8割ぐらい引っ張り出したところで飽きたようでした。このときは長女本人がティッシュまみれになり、あまりにご機嫌になっている様子がおもしろくて写真を撮りました。

次男はというと、ティッシュの箱を見てもほとんど興味を示さず、なのでもちろん1箱与えても数枚いじってみただけでそれっきりでした。

子どもの性格によって、同じいたずらでもこんなに違うんです。ホントにおもしろいと思いませんか？

長男がまだ幼稚園で長女が1歳半くらいのころ、テーブルに2人を座らせて牛乳とおやつを食べさせ、その間に私は出かける用意をしていたことがあります。ちょっと目を離した隙に、手が滑ったのかお兄ちゃんがコップに入った牛乳を半分以上こぼして大変なことになりました。出かける前で時間の余裕がなくてイライラしてしまった私は、お兄ちゃんを叱りつけながらテーブルと床を拭き、雑巾を洗うために洗面所に。と、そのときキッチンからお兄ちゃんの声が。「なに？　今度はどうしたの⁉」と怒りながらキッチンに入ってびっくり‼　長女が嬉しそうに牛乳の入った自分のコップを持って椅子の上に立ち、得意満面な顔をして部屋中に牛乳を振りまいていました。

いまでもあのときの光景を思い出すとおかしすぎて笑ってしまうのですが、もちろんその瞬間は笑い事じゃありません。長女を叱りつけコップを取り上げると、それはもうギャン泣きです。こんな楽しいこと取り上げるなんて‼　なんで怒られなきゃいけないのよ‼　と怒り泣き。とにかく部屋中の牛乳をなんとかしないといけないので、泣いている長女を隣の部屋に放り投げて（ホントに投げたわけじゃありませんが）、牛乳を拭いて、また洗面所に……。

　すると今度は、お兄ちゃんの悲鳴が聞こえてきました。今度はいったいなに、と部屋に行ってみると、頬っぺたにくっきりはっきりと歯型がついて泣いている長男の姿が！

「いったい、どうしたの？」

と聞くと、

「ぼく、いまのはオーロラちゃん（長女のこと）がいけなかったんだよ。牛乳こぼしたらダメなんだよ。って、だからママに怒られたんだよ。って教えてあげたの。そしたら……嚙まれた」

と。長男には悪かったけれど、なんだかもう二人とも可愛いなあという気持ちがこみあげてきました。お兄ちゃんの優しい気持ちも嬉しかったし、「私、悪いことなんかしてないもんっ！」と、お兄ちゃんに嚙みついちゃうオーロラちゃんもおかしくて可愛い。そう思ったら、牛乳こぼされてイライラしていた気持ちがどこかにいってしまいました。

5章

子どものいる生活って予想外でおもしろいなあと、牛乳まみれの大惨事の横で笑っちゃったんです。

子どもは「うるさくて汚くて大人に迷惑をかける」、そこだけ見ていたら、それはもう子育てなんてとても大変でやってられないと思います。ところが、ちょっと視点を変えて子どもの生活をいっしょに楽しもうと思ったら、いくらでもおもしろいことは山ほどあるんです。子どもたちが大きくなってからは、そのとんでもない話の数々がおもしろいネタとなって、家族で笑って楽しむことまでできます。

もちろん、いつも笑って子どもたちのいたずらや大騒ぎ、とんでもないことに付き合ってなんかいられないこともあります。怒鳴って叱り飛ばしちゃうこともあるでしょう。子どもといっしょになって、どうしていいかわからなくて大泣きしたくなることもあるでしょう。

それでも、子どもっておもしろいです。子どもといっしょの生活を楽しもうという気持ちがあれば、いくらでも子育ては楽しくなるのだと私は思っています。それに、子どものいたずらに付き合っていっしょになって遊んだり、いたずらする様子を観察していると、子どもの性格や向き不向きもよくわかってきます。子どもがどんな「種」を持って生まれてきたのかも、だんだんわかるようになるのです。

それが見えてきたら、この子には、どんな土がいいのか、栄養分はなにがいいのか、ほっといたほうがよく育つのか、手をかけないと育ちにくいのか、どんな子育てがいいのかがわかってきます。そうして、子どもの人生を本当の意味でおもしろいものにすることができるようになるのだと思います。

人生を「おもしろがる力」を高める

人生を「おもしろがる力」とは、目の前の出来事にいちいち反応しておもしろがる力のことです。この力には「反応する心」が必要です。物事に無反応、無関心でいたら、そもそもおもしろいものを見つけることはできません。あるいは、目の前で起こることを常にマイナスにとらえ、ネガティブな反応をしていたら、おもしろがることはできないでしょう。

おもしろがる力があると、些細なことにでも「おもしろい」「楽しい」「ワクワクする」と、反応できるようになります。同じ出来事に出会っても、同じ景色を見ても、おもしろがる力があると、受け取れるものが大きく変わってきます。そうして、人生はおもしろく楽しいものになるのだと思います。

では、どうしたらおもしろがる力を高めることができるでしょうか。

まずは、「おもしろいことは日常の中にたくさんある」と信じて過ごすことです。そして、目の前に起きることに対して、常にポジティブに反応するように心掛け、物事をできるだけ肯定的に考えるようにすることです。

これを続けていると、自分に対しても「肯定的な見方」ができるようになります。自分の人生に対する「肯定感」も高められていきます。自分を肯定できるようになると、他人のことも肯定できるようになります。そうしてプラスのサイクルができてくると、人生はますますおもしろくなっていくと思います。

せっかく遊園地に来たのに、なにもしないで一日が終わるのを待っているような人生を歩んでしまっては、本当にもったいないと思いませんか？　ときには、雨が降って乗れない乗り物があったり、混雑しすぎてうんざりすることもあるかもしれません。

あいにくの雨だったとしても、これでは楽しめないと諦めるのか、雨の日だからこそ楽しめる室内ショーやアトラクションを楽しもうと思うか。楽しむ力のあるなしで、全然違ってくるでしょう。

そもそもこの遊園地を楽しもうと決めてここにやって来たはずなのです。それを自分が勝手に不機嫌になって、つまらないおもしろくない一日にしてしまわないことです。もちろん、遊園地での一日は楽しいことも嫌なこともいろんなことがあるでしょう。そのなかで、いかにおもしろく幸せな思い出に残る一日を過ごすか。残念な出来事も振り返ればおもしろい思い出のひとつになるかもしれません。すべては、自分の気持ちしだいなのです。

そのように、どんなときでも、どうしたら楽しめるかと考えていると、おもしろがる力は確実に高まるはずです。

このおもしろがる力を持っていると、子育てはかなり楽しいものになると思います。先ほど私の子育て体験をお話ししましたが、子どもは本当におもしろいことばっかりやらかしてくれるので、こちらがおもしろがる力を持っていると、見ているだけでも飽きません。その反対におもしろがる力がないまま子育てをすると、育児はとても苦痛でイライラする大変なものになります。

まずはなにより、あなたが人生をおもしろがって生きること。そしてその背中を子どもに見せることです。そうしていると、子ども自身の「おもしろがる力」と「自己肯定感」も高まり、ますます子どもとの生活は楽しくおもしろいものとなるでしょう。

安心してなんでも話せることの大切さ

あなたは子どものころ、なんでも親に話ができましたか？

私は、話せませんでした。振り返ってよくよく思い出してみると、私自身の性格のせいもあったと思います（たぶん、とても育てづらい子だったと思います）。それでも、親以外の人にはけっこうしゃべれるのに、親には大事なこと、肝心なことほど言えなくなるのはなぜだろうと悩んだ時期もありました。なんでも気にせず親にしゃべれたら、ずっと楽に生きられるのに、とも思っていました。

話をするかしないかの基準が「怒られそうか、なにも言われなさそうか」だった気がします。「どうせ怒られるなら言わないほうがいい」と、子どものころから思っていました。だから、学校でいじめられてつらかったときも、親には言えないどころか、親にだけは知られたくないと思ったのです。結局、長い間すべてを一人で抱え込んで苦しみました。

なんでもかんでも親にしゃべることがいいとは思いません。ある程度の年齢になったら、友達には言えても親には言えない秘密があることは、子どもの成長段階として普通にあることだと思います。

「友達親子」という言葉がありますが、友達と親はやっぱり違うものだし、違っていないのはおかしいと思います。

親の大事な役割のひとつが「子どもを自立（自律）させること」です。子どもが自分の足で立って、自分で物事を決めて、この社会を生きていく力を身につけるのをサポートするのが親の役目です。友達関係というのは「対等な関係」ですが、それでは「相手を見守り、サポートする関係」にはなれないのではないでしょうか。もちろん、ときには親子で友達みたいに仲良くする日があってもいいと思います。大事なのは、それだけではダメだということです。

子どもが将来自分の力で生きていくために、親はどうサポートするのがベストなのか、そこを考えながら子育てをすることが大切なのではないでしょうか。そのひとつが「安心してなんでも話せる」環境づくりです。それなら、いつも楽しく話しているから大丈夫ということではありません。子どもが本当に困ったとき、「安心して親に話すことができるかどうか」ということが大事です。

それには、普段の親の接し方がとても大切です。なんでもかんでも頭ごなしに叱りつけていたら、子どもがつらいときに告白することなんてできないのは当然です。「いや、わが家は友達みたいに仲良しだから」という場合も、友達のような親との関係を崩したくないから、関係を悪くしたくないから、言えなかったということもあるのです。

子どもを生んで私たち夫婦が最初に決めたことは、子どもがなにかあったときに、私たち両親のどちらかだけにでもちゃんと話をする、相談することができる親でいよう、ということでした。

これまでお話ししたように、誰より私自身が、信頼できる大人の助けを本当に借りなくてはいけなかったときに「助けて」と言えず、ますます大変な事態になって苦しんだ経験があったからです。だからこそ、とにかく「困ったときには、安心して相談できる場所」でありたいと、それが親の役割としてとても大切なのだと実感していたからです。

家庭を安心できる場所だと思っている子は、家でたくさんおしゃべりをするそうです。そのためにまず大事なことは、「夫婦の会話」だと育児教室で習ったことがあります。夫婦が仲良く話をしていると、子どもはその楽しそうな親の様子につられて、両親の間に割り込んでおしゃべりをしだすというのです。その話を聞いたとき、たしかにうちは、子どもたちが割り込んで話をしてくるなと思った覚えがあります。

夫婦のコミュニケーションの良し悪しは、本当に子育てに影響します。会話の多い家庭で育った子どもは精神的にも安定するそうです。

お互いを思いやりながら、なんでも話し合い、会話を楽しむ両親の姿を見ることで、子どもは家庭を安心できる場所だと思うのです。両親がお互いを大切にし合っているのを見て、「お母さんとお父さんが愛し合っているから、自分は生まれたんだ」と自分の存在を承認できるようになり、精神的にとても安定し満たされた気持ちになるのです。

家庭が安心できる場所になっていると、子どもは自分は愛され守られていると親を信頼します。それによって、いざ本当になにかがあったときに親に「助けてほしい」と言える子になるのです。

子どもにとって、そんな場所は家庭だけとは限りません。祖父母や近所のおじさん、おばさん、または親の友人などの存在であることもあるでしょう。親とは違う大人に接するということは、子ども自身の器を広げてくれたり、親とは違った角度から社会を学ぶいい機会にもなります。

私自身のことを振り返ると、なんでも否定せずに話を聞いてくれる祖母やかまってくれる大人が何人かいたことが、子どものころの自分の精神を安定させてくれる大きな存在だったのだと感謝しています。

子どもの世界を裁かない

子どもは子どもの世界に生きています。大人には見えないものが見えたり、子どもの頭で勝手に解釈して間違えた思い込みをしていたりもします。それでも、親が考える「良い・悪い」「正しい・間違えている」で裁かないことです。子どもにとっては、それが真実で、別に嘘をついているわけではなかったりするからです。

拙著『天使が我が家にいるらしい』に書いたように、私自身が子どものころから他の人には見えないものが見えてしまったり、聞こえないものが聞こえてしまったりという不思議な体験をたくさんしていました。

この点に関しては、とてもありがたいことに私の両親は、私がする不思議な話に関して頭ごなしに否定したり、嘘をついていると怒られたりすることはありませんでした。どこまで信じてくれていたのかはわかりませんが、否定せずに聞いてもらえたことはいまでも感謝していることのひとつです。

ですから、自分の子どもが、ある日突然部屋中に（本人以外には見えない）カエルがいると大騒ぎをしたときも、天使がいっしょにいると言いだしたときも、その不思議な話をすべてそのまま受け止めて聞きました。

親が現実に目に見えているものしか信じていなくて、子どもが天使や妖精の話をしたときに頭から否定してしまうと、子どもは自分自身を否定された気持ちになってなにもしゃべらなくなってしまいます。反対に、親が興味本位におもしろがり、やたらと子どもに不思議な話をさせようとすると、子どもの中に無意識にある親を喜ばせたい気持ちが嘘の話を作り上げてしまうかもしれません。

必要なのは、子どもの見えている世界を認め、その世界の話をそのまま受け止めることです。子どもが自分の世界を正直に語ったとしても、否定したり裁いたりしないで、「そうなんだ」とシンプルに受け入れる。それだけで、かつて私がそうだったように子どもは安心するのだと思います。

「戦うだけじゃバカだよ♪」

わが家の次男は、現在小学5年生です。拙著『天使が我が家にいるらしい』に書いた、天使と仲良しだったのは赤ちゃんから小学校入学前くらいまで。

最近は「ぼく、もう5年生だからねっ！　小さくないからね！」と、なにやら急に高学年の自覚が芽生えてきた感じです。それでも、わが家では、いつまでたっても、ちびくんは、ちびくんで、お兄ちゃんにしょっちゅう「お前、ちっちゃくて軽いな♪」って言われながら持ち上げられたりしています。

そんな彼が5年生になってすぐのころ、学校の近くの神社にお参りに行っていたので、「なにを神様に誓ってきたの？」と聞いたら、「もう5年生になりました。今年は、学校で泣きません！」って、手を合わせて宣言してきたんだそうです。う……なんて可愛い（笑）。

「そうだね、学校では泣かないほうがいいかもね。でも、家ではいくらでも泣いていいからね！　家にいるときは我慢しなくていいし、泣きたくなるようなことがあったら、いつでもママに言ってね」と伝えました。

この話を後日、家庭訪問に来てくれた次男の担任の先生にしたら、「その決意を見守りたいです！　でも、学校でも泣いてもらっていいです。いつでも先生を頼っていいよと伝えてください」と言っていただいて、ちょっと安心しました。

先生によっては「メソメソくよくよしていては、みんなとうまくやっていかれないので、もっと強くなってちゃんと泣かずに解決できるよう、おうちでも指導してください」などと言われることはよくあることなので。

本人だって、泣きたくて学校で泣いているわけじゃない。私自身が小学校時代ずっと泣き虫で、学校で泣いていて、先生に呆れられ、親に叱り飛ばされていたから、泣き虫な子どものつらさがわかりすぎるくらいにわかります。

なににせよ、ちびくんは5年生になって、前よりほんのちょっとたくましくなってきました。子どもの成長を実感するとき、本当に親になってよかったなあと幸せを感じます。

この次男が4歳半のころに私が書いた日記がここにあります。

今朝、ちびくんとパパの会話が聞こえてきました。

「ね、パパ。ありがとうを　たくさん　いうと　いいこと　あるよ。しってる？」

「お♪　いいこと言うね！　知ってるよ！」

「じゃあ　パパ。いいこと　あったら　おしえてね」

ちびくんたら、すご〜い！　私がいつも上の二人に教えていることを言ってる。それも、しっかり、はっきり！

じつはちびくん、4才の誕生日ごろまでほとんどしゃべらず。しゃべっても家族にしか通じないしゃべり方で。

親以上に心配してくれた（3番めなので、つい呑気にしてました）保育園の園長先生のすすめで、夏前から数回療育センターで発達・発音の検査をしました。そのままにしていて大丈夫か、きちんと指導を受けたほうがいいか、の境目ということでした。とりあえず数カ月自宅で遊びながら発音の練習をしたり、口のまわりの筋肉を鍛えたりすることにして、年明けに再検査しましょうということになったのが8月のことです。

そのころ長男が不登校になり、結局、ずっとそっちにかかりきりになって、ちびくんの言葉の発育を気にしてあげる余裕がありませんでした。気づいたら12月になっていました。もうすぐ再検査なのに、ほったらかしでごめんね……と思っていたとき、日記に書いたように、ちびくんとパパの会話が聞こえてきたのです。日記には、次のように書いてありました。

はっきりちゃんと、意味のあることしゃべってる！　しゃべってるよ！

ありがとう。ありがとう。

きちんと成長してくれていることに、ありがとう。

すべてのことに、ありがとう。

いいことあったよ、ちびくん♪


次男は彼なりのペースで、ゆっくり、でも確実に成長しています。子どもが教えてくれることってたくさんあるなあと思います。そういえば、ちびくんが4歳のとき、こんな歌をお風呂に入りながら歌っていました。

「けど、ムリしたら〜いけないよ〜♪　でも、ムリしたらいけないよ〜♪

戦うだけじゃ、バカだよ♪　ムリしたら〜ダメだよ〜♪」

このころは、長男が情緒不安定になっていて親子でいちばん苦しんでいた時期です。ちびくん、ちっちゃいなりになにかを感じていたんだろうと思います。子どもはとても敏感です。なにもわからないようでいて、じつは全部感じ取っています。とくに幼い子は表現する言葉がまだ十分ではないけれど、家族間の緊張も両親の関係もみんな感じているのだと思います。

ちびくんの歌を聞きながら、無理をしない、そして戦わない生き方ができたら、人生はもっともっと楽になると気づかされました。４歳の次男に教えられて肩の力が抜け、張り詰められていた家庭内の空気が少し緩んだ日がいまでは懐かしく思い出されます。

子どもはその子それぞれのペースで成長していきます。今日のわが子は、昨日とは違う。どんどん成長して変化していきます。その成長を親は焦らず、この子はどんな花を咲かせるんだろうと、楽しみにしながら、子どもを支えながら待つことです。

また、親である自分自身の変化する力も信じることです。もしも、いまなお自分と親との関係で苦しんでいるのだとしたら、そこで戦わないことです。そして、無理に親と仲直りをしようとか、この関係をなんとかしなくては、と肩に力を入れすぎないことです。

6章

自分で自分を愛することから……

子どもは常に親の姿から学んでいる

〈子は親の鏡〉

けなされて育つと、子どもは、人をけなすようになる
とげとげした家族で育つと、子どもは、乱暴になる
不安な気持ちで育てると、子どもも不安になる
「かわいそうな子だ」と言って育てると、子どもは、みじめな気持ちになる
子どもを馬鹿にすると、引っ込みじあんな子になる
親が他人を羨んでばかりいると、子どもも人を羨むようになる
叱りつけてばかりいると、子どもは「自分は悪い子なんだ」と思ってしまう
励ましてあげれば、子どもは、自信を持つようになる
広い心で接すれば、キレる子にはならない
誉めてあげれば、子どもは、明るい子に育つ
愛してあげれば、子どもは、人を愛することを学ぶ

認めてあげれば、子どもは、自分が好きになる
見つめてあげれば、子どもは、頑張り屋になる
分かち合うことを教えれば、子どもは、思いやりを学ぶ
親が正直であれば、子どもは、正直であることの大切さを知る
子どもに公平であれば、子どもは、正義感のある子に育つ
やさしく、思いやりをもって育てれば、子どもは、やさしい子に育つ
守ってあげれば、子どもは、強い子に育つ
和気あいあいとした家庭で育てば、
子どもは、この世の中はいいところだと思えるようになる

（『子どもが育つ魔法の言葉』ＰＨＰ研究所　ドロシー・ロー・ノルト著より）

子どもたちが幼いころ、この〈子は親の鏡〉という詩を何度も何度も読み返しました。とくに詩の前半部分がとても心に刺さりました。子ども時代の自分を振り返り、「ああ、やっぱり……」と、なんだか悲しいような、情けないような複雑な気持ちになりました。子どものころ「自分はダメな子なんだ」と信じていたことを思い出したか

らです。

子どもは常に親の姿から多くのことを学んでいます。親がその子にどう接するか、どんな声かけをするかで、自分自身は「こういう人間だ」と学び、そのまま思い込んでしまいます。

毎日の生活のなかで、親がどんなふうに子どもに、パートナーに、または他人に接するか、どんなふうに喜怒哀楽を表わすか、それが子どもの将来に大きく影響してきます。

子どもは親が隠している本当の姿も映し出す

子どもは本当に親を映し出す鏡です。あなたが子どもを見てイライラするときは、どんなときですか？　隠していたい自分の素顔を子どものなかに見つけたときに、とてもイライラしませんか？

子どもに関してだけではなくて、他人にイライラして文句を言いたくなるときはどういうときでしょうか。

「あなたの『それ』間違えてますよ！」「あなたって常識のない人ですね！」「あなたのその行動って、その言い方っておかしい！」「あなたのそのやり方って間違えてる！普通は、こうするものでしょ！」

こう思う自分は、相手のどこにフォーカスして反応しているのでしょうか。それが出来事だとすれば、そのどこにフォーカスして反応しているのでしょうか。フォーカスする箇所を変えたら、別の反応をするかもしれませんが、なぜその部分に自分の中のある感情が反応してしまうのでしょうか。

もし、過剰に反応している自分に気づいたら、ちょっと深呼吸して考えてみてください。「なぜ、私はあの人に（自分の子どもに）イライラさせられるのか？」「なぜ、その行動に文句を言いたくなるのか？」「なぜ、アドバイス（または説教）してやりたくなるのか？」と。これが、すごく大事です。

間違いなく、そのいちばんの原因は自分自身の中にあります。たとえば、子どものある言動にイライラしているとします。別のタイミングならイライラしないかもしれませんし、別の親ならとくに気にしないことかもしれません。それなのに、そのことに反応する「自分」がいるのです。

昔の私は、自分の中にある常識と外れたことを相手にされると、すごく腹が立っていました。「ありがとう」が言えない人、仕事をちゃんとしない人、気が利かない人にイライラしていました。

あるとき、「なんで、私はそういう人を見てこんなにイライラするんだろう?」と考えてみました。そうしたら、理由は相手の言動ではなく「自分」の中にあること、「自分が勝手に反応しているんだ!」ということに気がつきました。

それからは、同じことがあってもイライラすることが減ったし、「文句を言ってやろう」なんて思わなくなったのです。文句を言ってやろう、注意(アドバイス)してやろうなんていうのは、ものすごく傲慢で自分勝手な考えだ。そう思うと、とても恥ずかしくなったのです。

「あなたは、何様ですか?」「あなたは人に言うほどちゃんとできているんですか?」、そう自分で自分に問いかけてみたら、穴があれば入りたいと思ったほどです。

私たちは、他人をジャッジするために生きているわけではありません。人のあらや欠点を探し指摘している時間など、もったいないです。「あの人のためを思って、ホントは言いたくないんだけど、わざわざ言ってあげた(注意した)のに、あの人ったらまったく変わらない！」と腹を立てるのは、大間違いなのです。言いたくないのなら、言わなければいいのです。

私の場合は、「自分がかつて親に注意されていたことを平気でやる人」にものすごく反応してイライラしていました。子どものころ、親から「○○ができないのは人として失格だ」と怒られたり、注意されることがよくありました。ところが社会に出たら、「それ」を平気でやっている人がいる。しかも怒られないし、誰にも注意されない。そんな人を見て、なんだかとてもイライラして文句を言いたくなっていたのだと思います。

他人に文句を言ってやりたくなったときは、一度深呼吸して「なんで私はこのことにこんなに反応してイライラするんだろう？」と考えてみてください。必ずなにか見えてくるものがあると思います。子どもにイライラするときも同じです。子どものやったこと、言ったことのなにに反応しているのか、なぜ「それ」に対してそんなに怒りたくなるのかを意識してみてください。

相手に原因そのものがあるのではなく、自分の中に「イライラする原因」が隠されていることが多いのです。そもそも、自分の中にまったくないことで、相手に反応することはないのです。しかも、自分の中にある「それ」が、隠しておきたいことであったり、我慢していることであったりすると、なおさら「それ」を見せられる相手に腹が立つのです。

とくに子どもは親の鏡ですから、人に隠しておきたい自分の素顔を子どもの中に見せつけられることが多く、余計にイライラしやすいのだと思います。このことが理解できているだけでも、子どもにイライラすることは減ってくるはずです。

自分が自分自身を愛することの大切さ

人は一人では生きていかれません。だからこそ、まわりの人間に愛され、まわりの人間を愛することができるようになる必要があるのだと思います。

自分を愛せなければ、他人を愛することはできません。この、ありのままの自分を自分で丸ごと認めて愛することができれば、そのままの自分が人からも愛されていると感じられるようになります。

他人を愛することも、他人から愛されることも、すべては自分が自分自身をどう愛しているかで決まるのです。

すでにお話ししましたが、それにはまず、人と比べて「どうせ私なんて」と思わないことです。そして、自分の目で自分をしっかりと見つめて、等身大の自分をそのまま受け入れることが大切です。

自分のいいところはもちろん、悪いところ、弱いところ、情けないところ、それらすべてを含めたのが自分なのです。どんな自分であっても、それを良い、悪いと判断したり裁いたりしないでください。そのままの自分をただ丸ごと肯定してください。

自分自身を愛おしく感じ、好きになった分、あなたの愛情は相手にも伝わるようになります。自然と子どもにも伝わるようになります。その愛情が、子どもの成長を育む栄養となるのです。

親であるあなたが自分自身を大切にしている姿を見て、子どもも自分自身を大切にすることを学ぶことができます。口でいくら「あなたのためなのよ」と親の愛を連呼しても、それでは子どもの心には伝わらないのです。

自分を認めることができず、自分を愛することができない人は、他人に認められること、他人に愛されることによって「自分の価値」を確認しようとします。それは、穴の開いたバケツに水を満たそうとするようなものです。いくら他人から水（愛）をもらっても、バケツ（心）の穴から水（愛）は流れ出してしまいます。どれだけ水（愛）をもらっても足りない足りないと、さらに水（愛）を欲します。そんなふうに、穴の開いたバケツ（心）を持っている人の近くに居ると、どんどんエネルギーを奪い取られるような気分になるので、人はしだいに離れて行ってしまいます。

反対に、あるがままの自分を肯定し、好きになり、愛することのできる人の心は穴の開いていないバケツにたとえることができます。他人から受けた愛はそのまま心を満たし、いっぱいになるとあふれ出てくるようになります。だから、その人の近くにいるだけで自然と愛がもらえるので、人が集まるようになるのです。

子育ても同じです。自分で自分を愛することができる親の心からは自然に愛があふれてきます。その愛は、子どもをありのまま受け入れ、子どもの生きる力を伸ばすのです。

エピローグ――幸せへの近道

カウンセリングで出会う人たちを見ていますと、「自分の悩みの根本には、親との関係が影響している」ことに気づいていないことが本当に多いのです。

むしろ、親とはうまくいっていると無理に思い込もうとしていたり、人生が思うようにうまくいかない自分は「なんてひどい親不孝者だ」と自分のことを責めていたり……。

まさか「親にどう育てられたか」がいまの悩みの原因になっているなんて想像もしていなかったというのです。

カウンセリングを通して「親との関係がいかに影響しているか」に気づいた人たちは、そこから大きく変化されていきます。気づくことによって意識が変わり、先に進む扉が開くからです。

もし過去のつらい出来事で傷ついた自分がいることに気づいたなら、その自分に大丈夫だよと語りかけてあげてください。そして、あせらずゆっくり未来に向かって歩きだしてください。

「一日に何度も」

おかあさん　おかあさん
一日に何度も
おかあさん　おかあさん
あなたの名を呼んで　月日が流れる

小さな悲しみも　あなたに告げて
小さな喜びも　あなたに告げて
わたしたちは育った

おかあさん　おかあさん
こおろぎが鳴いている

もう秋なのね　もう秋なのね
おかあさん

いつかやがて
おとなになる日がきても
いつかやがて
はなれて住む日がきても
わたしたちはあまえる

おかあさん　おかあさん
背くらべしましょう
美しい空の下で　おかあさん

作詞　高田敏子　　作曲　岩河三郎

この歌を中学生のときに合唱コンクールで歌いました。私たちのクラスはこの曲で最優秀賞をとりました。クラスで毎日のようにこの合唱曲の練習をして……。「おかあさん、おかあさん」と何度も何度も歌いながら、私は複雑な気持ちを抱えていました。

大好きなお母さん、小さいときから何度も何度も「おかあさん、おかあさん」と呼びながら、話しかけて、でもそのたびにもっと甘えたいのに、もっと話を聞いてほしいのに伝わらない思い。寂しくて、がっかりして、でも何度でも「おかあさん、おかあさん」と呼びかける自分がいました。

やがて私は、この歌のことを忘れました。

そして、自分が子どもを産んでまた思い出したのです。

子どもたちは、本当に一日に何度も何度も「おかあさん、おかあさん」と（正確にはわが家では「ママ」でしたが）私のことを呼んでくれるのです。いつでもなにかあってもなくても、子どもに呼ばれるたびに私はこの歌を思い出し、幸せな気持ちになりました。

私を「おかあさん」にしてくれた夫と子どもたちに感謝の気持ちで胸がいっぱいになります。

子どもたちは「おかあさん、おかあさん」と一日に何度も呼びながら、大人になっていきます。

いつかやがて
おとなになる日がきても
いつかやがて
はなれて住む日がきても
わたしたちはあまえる

私は、もう「おかあさん」だから。私が「おかあさん」だから。もう「おかあさん、おかあさん」と呼びながら、話しかけて、でもそのたびにもっと甘えたいのに、もっと話を聞いてほしいのにと、寂しがったり、がっかりしなくていい。

私を呼んでくれる子どもたちを、めいっぱい愛そう。いつかやがて、私のもとから離れていく子どもたち。いま、このいっしょにいられる時間を大切にしよう。そして大人になっても、困ったときはいつでも甘えにおいでと言おう。

ここまで書いて、思い出しました。あの合唱コンクールの日、母が中学校に合唱を聴きに来てくれたことを。そして「歌、どうだった？」とは、なぜか怖くて母に聞けない自分がいたことも。

でも、いま思うと忙しい合間をぬって歌を聴きに来てくれた、それこそが「母の愛」だったのだと思うのです。私が望む「愛」と母がくれる「愛」が、ときに大きくズレることがあっただけで、本当は愛されていた。そして、たぶん……今でもきっと愛されているのだと感じる私がいます。

親の顔色をうかがい、親の気持ち優先で生きてきて、いろいろなことにつまずき悩み苦しんだからこそ、いまの私がここにこうしている。この本をこうして書くことができたのも、私が自分の親を選んで生まれてきた理由のひとつなのかもしれないと、しみじみ感じる自分がいまここにいます。

最後に、私にこの本を書く勇気をくれた親友のなっちゃん、三人三様の励ましと応援をくれる子どもたち、なによりいちばん近くで理解して応援してくれる主人に、心から感謝を伝えたいです。家族と彼女の応援がなければ、とても書くことはできませんでした。

また、いつも私に力をくださるブログやメルマガ、フェイスブックでつながっている皆さまにも、心から感謝しています。

コスモ21の山崎優さんにも大変お世話になりました。ありがとうございます。

他にも書ききれないほどたくさんの方のおかげで、この本をあなたのもとに届けることができました。

最後まで読んでいただき、本当にありがとうございます。


この本があなたの人生のお役に立つことを願って。

平成27年11月

著者

参考文献

『毒になる親　一生苦しむ子供』（講談社　スーザン・フォワード）
『自己肯定感、持っていますか？』（大和出版　水島広子）
『なぜ、あなたは生まれてきたのか』（青春出版社　池川明）
『生まれた意味を知れば、人は一瞬で変われる』（中央公論新社　池川明）
『子育てを楽しむ本』（りんごの木　柴田愛子）
『もっと話したい　子育ての楽しさ』（りんごの木　柴田愛子）
『心にズドン！　と響く「運命」の言葉』（三笠書房　ひすいこたろう）
『人生90年面白く生きるコツ』（幻冬舎　多胡輝）
『子どもが育つ魔法の言葉』（ＰＨＰ研究所　ドロシー・ロー・ノルト）

親毒 なぜこんなに生きづらいのか

2015年12月18日　第1刷発行

著　者――――kokko

発行人――――杉山　隆

発行所――――コスモ21
〒171-0021　東京都豊島区西池袋2-39-6-8F
☎03 (3988) 3911
FAX03 (3988) 7062
URL http://www.cos21.com/

印刷・製本――中央精版印刷株式会社

定価はカバーに表示してあります。

ISBN978-4-87795-330-0 C0030